지워지고 잊혀진
여성독립군열전

일러두기
출생 및 사망 일자가 명확하지 않은 여성 항일독립운동가의 경우
국가보훈처와 한국민족문화백과대사전의 자료를 따랐습니다.

지워지고 잊혀진

여성독립군열전

신영란 지음

초록비책공방

작가의 말

남자면, 피 끓는 청년이면 이번 기회를 놓치지 말고 싸움터로 나올 것이다. 한번 나서서 싸울 사명을 느끼지 않는가? 마음이 당길 때까지 주저하는 이유는 무엇인가? 죽음이 무서워서 출정하지 못하는가? 죽음이 무서워서 못 나가겠다는 청년이 있다면 참으로 슬픈 일이다. 딱할 일이다. 그러한 비겁한 사람은 없을 줄 안다. 없어야 할 것이다.

1943년 11월 18일, 김활란(이화여대 초대총장)이 매일신보에 기고한 글이다. 다음달 같은 신문에도 '뒷일은 우리 부녀가 지킬 것'이라며 학도병 지원을 맹렬하게 부추기는 글이 실렸다.

이해 4,385명의 학도병이 태평양 전쟁에 동원되었다. 이들 중 가미카제 특공대로 희생당한 학도병 중 공식적으로 신원이 확인된 이는 고작 16명이다.

김활란의 일본 이름은 '야마기 가쓰란'이다. 황신덕(전 추계학원

이사장), 고황경(전 서울여대 명예총장), 송금선(전 덕성여대 학장), 시인 모윤숙과 노천명 등은 그녀와 더불어 일제의 나팔수 노릇을 했던 여성 교육계 및 문화계의 대표적인 인사들이다. 자신의 사회적 지위와 영향력을 동족을 팔아넘기는 데 사용한 대가로 더 큰 부와 명성을 누릴 수 있었던 이들은 해방 후에도 이승만 정권에 빌붙어 승승장구 호의호식하며 여생을 보냈다.

1920년 1월, 조선총독부 법무국이 편찬한 《망동사건처분표妄動 事件處分表》에 따르면 3.1 만세운동으로 수감된 여성의 46퍼센트가 교사와 학생 신분이었다. 이들 대부분은 고문으로 병사하거나 출소 후에도 독립운동을 이어가다가 독립된 조국의 모습을 보지 못한 채 순국했다.

같은 여성으로서 동시대를 살다 간 이들의 상반된 생애를 떠올리며 참담한 감상에 빠져들다가도 문득문득 하나의 의문이 들곤 했다.

과연 내가 그 시대를 살았다면 어느 편에 속해 있었을까?

이 글을 쓰는 동안 몇 차례 한적한 길목에서 일본 헌병과 맞닥뜨리는 꿈을 꾸었다. 그때마다 나는 더없이 상냥한 얼굴을 하고 있었다. 최대한 순하게 굴어 어떻게든 잘 보이려고 용쓰는 내 모습이 꿈에서도 서글플 지경이다.

깨어나면 낭패감이 밀려들곤 했다. 현실이라고 해서 그런 내 모습이 크게 달라질 것 같진 않기 때문이다.

어린 시절에는 잔 다르크나 유관순 같은 영웅을 꿈꾸기도 했다. 위인전에 멋지게 포장된 이미지에 현혹되었을 때 일이다. 그 비장한 생애의 이면을 조금이나마 알게 된 지금은 일제에 아부하는 꿈을 꾸고 그나마 꿈이라서 다행이라 안도하는 겁쟁이가 되었다.

글을 써서 밥을 빌어먹고 사는 알량한 재주밖에 없는 내가 어떤 얼굴로 그 시절을 살았을지 상상하면 끔찍하게도 또 다른 '야마기 가쓰란'의 모습이 겹쳐지곤 한다.

이 책에 수록된 여성독립운동가들은 나 같은 소시민이 백 번 죽었다 깨어나도 감히 흉내도 내지 못할 삶을 살다 갔다. 친일반역자들에게 '왜'냐고 묻는 것만큼 허망한 물음이 없는 것처럼 독립운동에 헌신한 이들의 생애를 두고 이유를 묻는 것 또한 무의미한 질문일지 모른다.

다만 이 부족한 책이 그분들의 숭고한 희생을 다시 한번 되짚어 보고 그 이름을 기억하게 하는 작은 단초라도 될 수 있다면 더 바랄 게 없겠다.

2019년 8월 신영란

차 례

1부 · 총칼에 맞서 싸운 여전사들

2부 · 후방의 애국혼

3부 · 이름 없는 불꽃으로 타오를지라도

1부

총칼에
맞서 싸운
여전사들

최초의
여성 의병장
윤희순

종갓집 맏며느리의 출사표

||||||||||||||||||||||||||||||||||||||||||||||||||||||||||||||

아무리 왜놈들이 강성한들

우리들도 뭉쳐지면 왜놈 잡기 쉬울세라

아무리 여자인들 나라사랑 모를소냐

아무리 남녀가 유별한들 나라 없이 소용 있나

우리도 의병하러 나가보세

의병대를 도와주세

금수에게 붙잡히면 왜놈 시정 받들소냐

우리 의병 도와주세

우리나라 성공하면 우리나라 만세로다

우리 안사람 만만세로다

1890년대 후반 강원도 춘천 일대 아낙들 사이에서 은밀히 전해
지던 '안사람 의병가' 노랫말이다.

노래를 지은 이는 우리나라 여성 독립운동의 대모 격인 윤희순.

명성황후 시해 사건으로 민심이 극에 달한 상황에서 1895년 겨
울, 일제가 단발령을 선포하자 전국 각지에서 의병이 일어났다. 고
흥 유씨 집성촌인 춘천 황골마을도 예외는 아니었다.

이 지역 의병 지도자로 나선 이가 윤희순의 시아버지 유홍석이다.
규방에 틀어박혀 얌전히 자수나 놓는 것을 최고의 덕목으로 여기

던 양반집 규수와 달리 그녀는 세상 돌아가는 일에 관심이 많았다. 여기에는 무엇보다 시아버지의 영향이 컸다.

서울 태생인 그녀는 열여섯 살에 유홍석의 장남 유제원과 혼인하여 춘천으로 내려왔다. 유홍석과 친정아버지 윤익상은 화서 이항로 문하에서 동문수학하면서 절친한 친구가 되었으며 훗날 사돈의 연을 맺었다.

일본을 물리치고 조선의 전통 사상을 고수해야 한다고 주장한 화서 이항로는 구한말의 대표적인 위정척사론자였다. 이항로를 따르는 유학자들을 '화서학파'라 불렀다.

그녀가 시집왔을 때 시어머니는 이미 돌아가신 뒤였고 집안에 어른이라고는 시아버지뿐이었다. 고흥 유씨 집안의 장손인 남편 유제원은 혼인을 하고도 학업을 이어가느라 윤희순과는 20여 년을 떨어져 지냈다. 첫아이를 낳은 것도 그녀의 나이 서른 중반에 이르렀을 때였다.

윤희순은 회고록《해주윤씨 일생록》에 자신의 결혼 생활을 이렇게 적었다.

> 남편은 성제 댁에 가 계시고, 두견새처럼 살자니 항상 쓸쓸했다.

윤희순

어린 나이에 종갓집 맏며느리로 들어와 남편도 없이 집안 살림을 건사해야 했던 그녀에게 유홍석은 시아버지라기보다 스승에 가까웠다.

유홍석은 50인의 선비들과 더불어 일본의 무력 침략과 강제적인 문호 개방을 규탄하는 개항 반대 상소를 올렸으나 결국 강화도 조약이 체결되자 울분에 찬 나날을 보내고 있었다.

사랑에는 유홍석과 뜻을 함께하는 선비들이 수시로 드나들었다. 윤희순은 시아버지와 문우들이 나누는 이야기를 통해 나라와 민족이 처한 현실을 자각하게 되었다. 단발령에 항거하는 거사를 일으킬 때 유홍석은 환갑이 가까운 나이였다. 이때 그녀도 의병에 따라나설 결심이었다. 하지만 유홍석은 이를 완강히 만류했다.

"오늘 가는 길은 죽을지 살지 알 수 없으니 너는 먼저 아들을 잘 가르쳐 끝까지 변치 말고 광복의 날을 기다리도록 하라."

윤희순의 나이 서른다섯, 첫아들 돈상이 이제 갓 돌을 넘긴 때였다. 차마 시아버지의 뜻을 거역할 수 없었던 그녀는 대신 후방에서 할일을 찾고자 했다.

마을에는 일경에 쫓기는 의병들이 수시로 찾아들었다. 그녀는 식솔들 먹을 곡식까지 몽땅 털어서 굶주린 의병들을 먹이고 입히며 이웃 부녀자들까지 설득했다.

"저분들은 비록 타지역에서 왔지만 우리 부모, 우리 형제들처럼 나랏일에 몸을 던져 싸우는 중입니다. 가족을 뒷바라지하는 마음으로 의병을 도웁시다."

이때 만든 노래가 '안사람 의병가'이다.

양반집 맏며느리가 마을 여자들을 모아 놓고 의병 노래를 가르친다는 소문이 퍼지자 집안 어른들은 실성했다고 수군댔다. 일경이 눈에 불을 켜고 의병대를 쫓는 마당에 여자들까지 나섰다가 마을 전체가 화를 입을까 걱정하는 이들도 있었다.

윤희순은 그들에게 말했다.

"나라가 망하면 양반이 무슨 소용입니까? 남자들은 전장에서 죽고 여자들은 왜놈들 시중이나 들고 살아야 될 운명입니다. 여자라고 집에만 있을 순 없습니다. 안사람들이 나서야 망해 가는 이 나라를 구할 수 있습니다."

그녀의 간곡한 호소에 감동한 부녀자들이 하나둘씩 모여들었다. 처음에는 주로 유씨 집안 며느리들이 대부분이었으나 나중에는 일반 가정의 부인들도 동참했다.

노래는 초기 윤희순의 항일 투쟁에 빼놓을 수 없는 전략이었다. '안사람 의병가'는 젊은 새댁들을 중심으로 소리 소문 없이 퍼져 나갔다. 그 외에도 청년들의 의병 참여를 독려하기 위해 지은 '의병군가', '병정가' 등 총 8편의 의병가가 그녀의 손에서 탄생했다. 비밀리에 퍼진 노랫말에 마음을 움직여 의병에 나선 마을 청년들이 부지기수였다.

그중에서도 일제의 간담을 서늘하게 만든 글이 있다.

왜놈 대장 보거라.

너희 놈들이 우리나라가 욕심나면 그냥 와서 구경이나 하고 갈 것이지, 우리가 너희 놈들에게 무슨 잘못을 하였느냐. (중략)

만약 너희 놈들이 우리의 민비를 살해하고도 너희가 살아서 가기를 바랄소냐. 이 마적떼 오랑캐야. 듣기 좋은 말로 할 때 빨리 용서를 빌고 가거라. (중략)

우리나라 사람들 중 술 취한 사람을 꾀어 이용하여 우리나라 사람 괴롭히니, 취한 인간이 깨어나면 그 사람인들 가만히 보고만 있을 줄 아느냐. (중략)

우리나라 사람 화가 나면 황소, 호랑이와 같느니라. 우리가 너희 놈들 못 잡으면 후대엔 잡지 못할까. 우리 후대 후손들이 너희 놈들 잡아 너희 정치를 보지 않을 것이다. 그러니 잘 생각해서 너희 나라로 돌아가라. (중략)

— 조선 선비의 아내 윤희순

조선 부녀자들을 대표하여 일본군 대장 앞으로 보낸 격문이다. 친필로 당당하게 이름까지 밝힌 장문의 경고에 그녀의 대범한 기질이 드러난다.

윤희순은 일제에 협력하여 민족을 배신한 이들을 '술 취한 사람'으로 표현했다. 제정신을 가진 조선인이라면 그런 짓을 할 리가 없다고 본 것이다. 하지만 그녀가 믿었던 사람들은 끝내 미몽에서 깨어나지 못했다. 일제가 침략 근성을 노골적으로 드러낼수록 오히려 제정신이 아닌 자들이 늘어만 갔다. 제 한몸 호의호식하겠다고 동족을 팔아넘기는 매국노들은 비단 높은 자리에만 있는 게 아니었다.

분노의 방아쇠가 향한 곳

제천 의병대가 해산한 뒤 유씨 의병대는 춘천 가정리 여우내 깊은 골짜기로 숨어들었다. 유홍석은 그곳에 진지를 구축하고 600여 명의 의병들을 규합하여 본격적인 항일 투쟁에 돌입했다.

1907년 일제가 대한제국 군대를 해산하고 고종을 강제로 퇴위시키자 의병의 불꽃은 더욱 거세게 타올랐다. 이를 '정미의병'이라 한다.

윤희순은 이때 마을 부녀자 30여 명과 함께 '안사람 의병대'를

정미의병

조직하였다. 이것이 우리나라 최초의 여성의병대이다. 이때 그녀의 나이 마흔여덟 살, 안사람 의병대는 단순히 의병을 후원하는 역할에 그치지 않고 직접 화승총과 탄약 등 무기를 제조했으며 총검술을 다루는 훈련에도 참여했다. 여성이라고 전투에 열외가 될 수 없었다. 일본군의 동태를 살피러 정찰을 나가기도 했는데 이럴 때는 남장 차림으로 산을 내려갔다.

남녀를 가리지 않고 치열하게 벌였던 투쟁에도 불구하고 조국의 현실은 암담하기만 했다. 유홍석의 의병대는 여우내 전투에서 크게 패하여 뿔뿔이 흩어졌다. 이때 입은 부상으로 유홍석은 죽는 날까지 후유증에 시달렸다.

윤희순은 시아버지가 제천으로 피신해 있는 동안에도 안사람 의병대를 이끌었다. 황골마을 주민 대부분이 유씨 문중 사람들이었으나 그들 모두가 의병을 지지하는 건 아니었다. 여자가 담장 밖으로 나다니는 것도 꺼리는 사대부 집안에서 며느리가 의병인 걸 알면 기함을 할 노릇이었다. 대원들은 낮에는 집안 살림을 꾸리고 식구들이 잠든 밤에만 회합을 가졌다.

　일제의 탄압보다 더 참담한 것은 내부 분열이었다. 윤희순은 이에 대한 분노를 노랫말에 담았다.

> 우리나라 좀벌레 같은 놈들아
> 어디 가서 살 수 없어 오랑캐나 좇는단 말인가.
> 오랑캐를 잡자 하니 내 사람을 잡겠구나.
> 죽더라도 서러워 마라.
> 우리 의병들은 금수를 잡는 것이다.

　앞으로는 금수를 때려잡는 심정으로 밀정들과 싸우고 뒤로는 외세에 무릎 꿇은 관군에게 쫓기면서 윤희순은 더욱 단단해져 갔다.

중국에 의병학교를 세우다

　1910년 한일합병으로 대한제국은 역사의 무대에서 자취를 감췄다. 윤희순의 남편 유제원은 학업을 포기하고 고향으로 내려왔다.
　하루는 시아버지 유홍석이 자식들을 불러 놓고 이렇게 말했다.

"망국의 선비로서 치욕을 겪느니 우리가 함께 죽는 게 낫다."

일제의 식민지가 된 땅에서는 하루도 살 수 없으니 차라리 자결로써 항거하자는 것이었다. 하지만 유제원은 생각이 달랐다.

"원통하게 나라를 빼앗겼으나 이대로 포기할 순 없습니다. 기필코 우리 손으로 오늘의 한을 풀게 될 날이 올 것입니다. 제가 아버님을 모시겠습니다."

유제원은 낙담에 빠진 부친에게 국외로 나가 항일 투쟁을 계속할 것을 제의했다. 윤희순의 뜻도 남편과 같았다. 이미 유인석의 지휘 아래 유씨 의병대 50여 가구가 중국에 망명하여 항일 무장 투쟁을 이어가던 중이었다.

유홍석은 먼저 아들과 함께 중국으로 떠나고 윤희순은 춘천에 남아 가산을 정리한 후 뒤를 따르기로 했다.

며칠 후 밀고자를 앞세운 일경이 집으로 들이닥쳤다.

"유홍석의 행방을 말하라."

장남 돈상이 채 열 살도 안 됐을 때였다. 그녀가 답변을 거부하자 일경은 어린 아들을 끌어냈다. 곧 무지막지한 폭행이 시작되었고 돈상의 몸은 피멍으로 뒤덮였다. 아들을 살리려면 시아버지를 사지로 몰아야 되고 그렇지 않으면 아들을 죽여야 하는 기막힌 상황이 펼쳐졌다.

자지러지게 우는 아들 앞에서 윤희순은 한 치의 흐트러짐 없이 말했다.

"당신들이 무슨 짓을 하건 내 입에서는 한마디도 나오지 않을 것이오. 차라리 자식을 죽인 어미가 되어 혀를 물고 죽는 한이 있어도 부모를 팔아넘길 순 없소."

그 어떤 협박도 통하지 않았다. 아들과 함께 죽기를 각오한 칼날 같은 호통에 그악스러운 일경도 발길을 돌렸다. 윤희순은 이때의 심경을 훗날 《해주윤씨 일생록》에 담았다.

왜놈과 왜놈 앞잡이들이 돈상이를 붙잡아 내면서 죽인다고 심하게 때리면서 위협했지만 어린 것이 무엇을 아는지 울면서도 대꾸 없이 맞으니 내심 장하다 생각했는데……. 지금에 와서 나랏일에 도움을 주니 그 아니 자랑스러우랴.

1911년 4월, 그녀는 중국 홍경현 평정산 난천자마을에 자리잡은 의병대에 합류했다. 아이들까지 합쳐 수백 명에 달하는 유씨 의병대는 깊은 산골짜기에 움막을 짓고 생활했다. 의병대가 오기 전 20~30가구 남짓한 원주민들이 모여 살던 평정산 일대는 곡식이 날 수 없는 불모지였다.

윤희순은 풀 한 포기 나지 않는 죽음의 땅에 강물을 끌어들여 농토를 일구고 원주민들에게 조선의 밭농사와 논농사 공법을 가르쳤다. 덕분에 농작물을 재배하여 먹고살 수 있게 된 원주민들은 유씨 의병대를 은인처럼 여겼다. 그들은 의병들이 움막을 짓고 살던 마을을 '난천자 고려구'로 이름 짓고 고마움을 표시했다.

전장에서나 후방에서나 항상 일경에 쫓기는 게 의병들의 일상이었다. 이듬해 유씨 의병대는 남만주 환인현 남산으로 근거지를 옮겼다. 조선인 밀집 지역인 이곳에 신채호, 박은식 등이 '동창학교'라는 민족 교육기관을 설립하여 100여 명의 이주 동포 자녀들에게 우리 역사와 국어, 한문, 지리 등을 가르치고 있었다.

윤희순은 동창학교 분교 형식으로 의병양성학교를 세우기로 하고 매일 좁고 험한 산길을 오르내리며 교민들의 협조를 구했다.

"청년은 조선의 유일한 희망입니다. 그들이 강해져야 나라를 구할 수 있습니다. 우리 아이들에게 힘을 키워 줍시다."

간곡한 호소에 우당 이회영 선생을 비롯한 교민들이 십시일반 마음을 보태기 시작했다. 중국인들이라고 예외는 아니었다.

"우리 조선인들은 일본과의 전쟁에 목숨을 내놓을 테니 당신들은 우리에게 식량과 무기를 도와주십시오. 우리를 도와주는 것이 결국은 당신네 나라를 돕는 길입니다."

그녀는 한중연합전선의 필요성을 역설하며 당당하게 협조를 구했다. 동병상련이었을까. 흔쾌히 기금 모금에 동참하는 중국인들이 적지 않았다.

이렇게 해서 1912년 항일 독립운동의 산실 '노학당老學堂'이 마침내 문을 열었다.

천 번 넘어지면 만 번을 일어서리

'항일, 애국, 분발, 향상'을 모토로 한
노학당의 개교 이념에는 교장으로 취임
한 윤희순의 사상이 고스란히 녹아들어
있다.

노학당 유지비

윤희순은 조국애와 민족의식을 바탕
으로 한 인재 양성만이 국권 회복의 지
름길이라고 보았다. 기숙 학교로 운영
된 노학당은 정신 교육 못지않게 군사 훈련을 중시했다. 윤희순의
장남 돈상이 교관을 맡았다.

훗날 대한독립단, 조선혁명군, 조선독립단의 일원으로 치열하
게 항일 투쟁을 하다가 순국한 김경도, 박종수, 이정헌, 마덕창 등
이 노학당 출신이다.

노학당의 학생 수는 50명에 불과했지만 윤희순은 그들을 최정
예 군사로 키워 내기 위해 혼신의 노력을 기울였다. 쉰 살이 넘은
나이에도 학생들에게 총검술을 가르쳤으며 틈틈이 학교 운영 자
금을 모으러 다녔다. 환인현 사람들은 그녀를 '연설 잘하는 윤 교
장'이라 불렀다.

1913년 시아버지 유홍석이 세상을 떠났다. 여우내 전투에서 입
은 부상의 후유증 탓이었다. 구국의 일념으로 평생을 바친 그는 만

리타국에서 쓸쓸하게 숨을 거두었다.

불행은 한꺼번에 몰아닥쳤다. 이듬해 유씨 의병대를 이끌고 두 만강으로 진격하려던 유인석 대장이 교전 중에 얻은 부상으로 병을 얻어 순국하고, 그 이듬해는 남편 유제원마저 화병으로 숨을 거두었다. 또 노학당과 동창학교는 일제의 끈질긴 강압으로 결국 문을 닫고 말았다.

아무리 가혹한 시련도 윤희순을 주저앉히지 못했다. 고국에서 3.1 만세운동이 일어났을 때 그녀는 환갑의 나이로 7,000여 명의 환인현 주민들을 이끌고 광장으로 나아갔다. 이것이 중국 최초의 교포 만세운동이다. 그녀의 연설에 감동하여 거리로 뛰쳐나온 이들 중에는 중국인들도 상당수 포함되어 있었다.

환인현에서 시작된 만세운동이 일파만파로 퍼져 나가자 일제는 주모자 색출에 혈안이 되었다. 이때 그녀는 장남 돈상과 차남 민상, 막내 교상을 이끌고 중국 전역을 돌며 일제 타도를 외쳤다.

이렇게 해서 '조선독립단'이 탄생한다. 윤희순은 일제가 쉽게 패망하지는 않을 것이라 내다보았다. 그럴수록 청년들에게 승리에 대한 확신을 심어 주는 게 중요하다고 판단했다. 1926년 그녀는 장남 돈상의 제안에 따라 무순에 '조선독립단 학교'를 세웠다. 여기에는 훗날 유돈상의 장인이 된 음성국의 도움이 컸다.

홍경현 조선자치회장 음성국은 겉으로는 일제에 협력하는 척했으나 물심양면으로 독립군을 돕는 지하당원이었다. 그로부터 5년 후 만주사변을 일으킨 일본은 중국 내 항일 투쟁 단체를 겨냥한 토벌 정책을 펼친다. 일제가 이 작전에 내세운 슬로건은 '모조리 죽이고, 모조리 불사르고, 모조리 약탈한다.'였다.

돈상은 조선독립단의 대장으로서 무장 투쟁을 지휘했고 음성국은 군자금 확보에 주력했다. 일흔다섯의 고령에도 윤희순은 여전히 만주 항일 투쟁의 중심에 있었다.

남자들이 목숨을 걸고 일제와 유격전을 펼치는 동안 그녀는 여성의병대를 이끌고 강제로 징집되어 중국 땅에 끌려온 동포들을 구출하여 조선독립단에 합류시켰다. 조선독립단은 무순 지역에서 일본군을 선제공격하여 치명타를 입혔으나 곧 일본의 처절한 보복전이 시작되었다.

1932년부터 1934년까지 일본은 대대적으로 독립군 토벌 작전을 펼쳤다. 평정산 일대는 무고한 사람들의 피로 물들었다. 일제에 협력하지 않는다는 이유로 400여 가구 3,000여 명의 민간인이 학살당했다.

일본군의 무차별 학살이 이어지자 사방에서 배신자가 나타났다. 먼저 음성국이 동료의 밀고로 체포되었다. 일제는 칼로 눈을 도려내는 고문에도 불구하고 조선독립단의 존재를 끝내 함구하는 그를 처참하게 살해하여 웅덩이에 던져 버렸다.

일본군이 윤희순의 집을 급습했을 때 아들들은 이미 몸을 피한 뒤였고 대신 며느리들이 모진 고문을 당했다. 그러고도 세 아들의 행방을 알아내지 못한 그들은 가족의 터전을 잿더미로 만들어 버렸다.

조선독립단 교관으로 활동하던 막내 교상은 10대 소년 시절 지팡이에 비밀문서를 숨겨 넣고 심부름 가던 중 사고를 당해 한쪽 다리가 불구가 되었고, 장애를 가지고도 수많은 전투에 참여했다. 난리통에 헤어진 후 윤희순은 죽는 날까지 그런 교상을 한 번도 보지 못했다.

윤희순은 그때의 심경을 이렇게 적었다.

이렇게 기구하게 살자니 죽어지면 좋겠는데 죽자하니 빨리 광복이 와서 자손들이 조선에 가서 잘 사는 것을 보고 싶어 차마 죽을 수가 없고, 죽어지지도 않고 하여 원수로다.

조국 독립을 향한 열망은 나이마저 잊게 했다. 노구에 식솔들을 이끌고 해성현 묘관둔에 당도한 그녀는 뿔뿔이 흩어져 있던 동포들을 모아 놓고 뜨겁게 외쳤다.

"나는 천하에 두려운 것이 없습니다. 천 번을 넘어지면 만 번을 일어설 것입니다. 한민족의 원수를 갚고, 대한의 국권을 찾기 전까지 죽을 수도 없습니다."

장남 유돈상은 항일 투쟁을 이어나가던 중 첫 부인을 잃었다. 그가 만주로 상해로 떠도는 사이 중병에 걸린 아내는 제대로 치료조차 받지 못한 채 쓸쓸히 눈을 감았다.

1935년 6월 12일, 윤희순은 청천벽력과도 같은 소식을 들었다. 큰며느리 기일을 맞아 제사를 지내러 갔던 돈상이 감옥에 갇혔다는 것이었다.

그로부터 열흘 뒤.

묘관둔 관리에게서 아들을 데려가라는 연락을 받고 달려갔을 때 이미 돈상은 산목숨이 아니었다. 온몸이 갈기갈기 찢겨져 숨조차 내뱉지 못하던 그는 집으로 돌아오는 도중 윤희순의 품에서 숨이 끊어졌다.

윤희순에게 돈상은 아들이기 전에 오랜 세월 고락을 함께해 온 동지였다. 패망한 조국에서, 이역만리 타국에서 오로지 조국의 광복을 위해 모진 고초를 견뎌냈지만 아들의 죽음 앞에서 그녀는 삶의 희망을 잃었다. 곡기를 끊고 두문불출하던 윤희순은 자손들에게 마지막 당부의 글을 남겼다.

매사는 자신이 알아서, 흐르는 시대를 따라 옳은 도리가 무엇인가를 생각하여 살아가길 바란다. 충효 정신은 결코 잊어서는 안 되느니라.

1935년 8월 1일, 윤희순은 일흔여섯 살을 일기로 눈을 감았다.
시아버지와 남편, 두 아들과 두 며느리를 구국의 제단에 바친 그

윤희순 묘역

녀의 유해는 60여 년 동안 만주 땅에 묻혀 있다가 1994년이 되어
서야 춘천 선영에 안치되었다.

빅토르 위고는 '여자는 약하다. 그러나 어머니는 강하다'고 했
다. 윤희순의 일생에는 여성 혹은 어머니라는 이름만으로는 설명
하기 어려운 무언가가 있다. 그녀는 여자라서 약하지 않았고 어머
니라서 더 강하지도 않았다.

아들의 주검을 끌어안고 자신의 죽음을 채비했던 그녀가 자손
들에게 남긴 유언은 무엇을 의미하는가? 행여 의병장으로서 쓰임
새를 다한 노구를 스스로 거둬 그들의 앞길을 열어 주려는 뜻은

아니었을까?

실제로 그녀가 죽은 뒤 그녀의 자손들은 심양과 무순 일대에서 의병 활동을 활발하게 이어갔다. 장손 유연익(유돈상의 아들, 광복회 강원도지부장)은 열 살 무렵부터 작은아버지들(유민상, 유교상)의 심부름을 하면서 자신도 모르게 독립운동가들의 연락병으로 활약했던 사실을 강원일보와의 인터뷰를 통해 증언하기도 했다.

정부는 독립운동사에 끼친 기여도와 희생도에 따라 5개 등급으로 건국훈장 서훈을 책정한다. 1등급은 대한민국장, 2등급은 대통령장, 3등급은 독립장, 4등급은 애국장, 5등급은 애족장이다.

윤희순에게는 그중 최하위 등급인 애족장이 추서되었다. 일제의 총칼에 맞서 싸우기는커녕 전장에 나가본 적도 없는 이승만이 건국 사상 최초로 대한민국장을 스스로에게 수여한 사실을 떠올리면 씁쓸하지 않을 수 없다.

윤희순이 활동했던 독립 단체

안사람 의병대

윤희순이 주도한 안사람 의병대는 의병을 돕기 위한 안사람 모임으로 출발했으나 남성 의병과 같이 전투에 직접 참여하는 등 군사 조직으로서의 면모를 띠기도 했다. 30여 명 정도의 여성 의병으로 구성된 안사람 의병대는 근대적 의식을 가진 여성 단체라고 할 수는 없으나 구국 항쟁에 있어 여성도 힘을 보태야 한다는 의식만큼은 투철했다.

이들은 의병 훈련에도 참가했을 뿐만 아니라 의병들에게 밥과 빨래를 해 주며 뒷바라지하는 틈틈이 쇠똥과 찰흙을 섞어 화승총에 쓸 화약을 만드는 등 무기 제조에 힘을 보탰다. 또한 군자금을 마련하기 위해 돈을 모으러 다니기도 했다.

노학당과 동창학교

1912년 중국 요녕성 환인현에 세워진 노학당은 동창학교의 분교로 교실, 운동장, 식당, 기숙사 등의 시설이 갖춰 있었다. 노학당 졸업생 50여 명은 독립운동가로 활동했다. 2002년 8월, 노학당을 기념하는 '노학당 유지비'가 건립되었다.

동창학교는 민족의식을 고취하기 위해 만주에 설립된 민족계 학교이다. 독립운동을 성공적으로 수행하기 위해서는 심신이 단련된 인재 양성이 필요하다고 생각한 대종교 신자 윤세용, 윤세복 형제가 1911년에 설립했다. 조국의 무궁한 발전과 국권 회복을 기약한다는 취지에서 학교 이름을 '동창東昌'으로 정했다.

조선독립단

1920년 간도참변 이후 위축된 독립운동을 되살리기 위해 윤씨 가족은 한중 애국지사 180명을 찾아다니면서 규합 활동을 벌인 끝에 '조선독립단'을 결성했다. 조선독립단 단장은 윤희순, 유돈상, 음성국이며, 이들의 가족과 친척 모두가 속해 있어서 '윤희순 가족 부대'라고도 불렸다. 낮에는 농사를 짓고, 밤에는 사격 연습을 하면서 게릴라 활동을 펼친 독립 단체였다.

곤륜산의
여전사
박차정

죽은 지 50년 만에 부활한 이름

1939년 2월, 중국 강서성 곤륜산에서 중국군과 일본군의 치열한 전투가 벌어졌다. 조선의용대와 합동 작전으로 일본 최강의 부대인 제5사단을 상대로 펼쳐진 이 전투는 무려 두 달 동안 지속되었다.

초반 전세는 수적으로 우세한 연합군 쪽으로 기울었다. 중국 유일의 기계화 부대까지 투입된 대대적인 공세로 일본군 제5사단은 거의 괴멸되다시피 했다. 그러나 전투 후반 증원군 투입으로 전열을 정비한 일본군이 반격에 나섰고 연합군은 작전상 후퇴를 강행했다.

결과적으로 누구의 승리도 아니었다. 곤륜산 전투(창사 전투라고도 불린다)에서 일본군은 연합군의 추격에 실패하고 군대를 돌렸지만 양측 모두 많은 인명 손실을 입었다. 그리고 그곳에 서른네 살의 여성 항일 투사 박차정이 있었다.

조선의용대 부녀 복무단장으로 이 전투에 참여한 박차정은 최전선에서 일본군과 맞섰다. 무관학교 교관을 지낼 만큼 사격 솜씨가 출중하여 전장에서 거칠 것이 없는 그녀였다. 기나긴 공방전에 지친 병사들을 독려하며 종횡무진 전장을 누비는 이 여전사는 일본군에게 제1의 표적이 되었다. 전투가 막바지에 이르렀을 때 그녀의 낡은 군복은 피로 물들었다. 치명적인 총상이었다.

조선의용대   창사로 돌격하는 일본군

1944년 5월 27일, 박차정은 결국 곤륜산 전투에서 입은 총상의 후유증으로 세상을 떠났다. 1995년에 이르러서야 대한민국 정부는 건국훈장 독립장 수여자로 그녀의 이름을 올렸다.

박차정은 여고 시절부터 학생운동을 주도하며 수차례 옥고를 치르고 평생 조국의 독립을 위해 헌신했으나 국가가 그 공로를 인정한 건 사후 50년이 지난 후였다. 그녀는 왜 그토록 오랜 세월 잊힌 이름으로 남았어야 했던 것일까?

삼남매가 독립운동에 뛰어들다

박차정은 1910년 경상남도 동래에서 3남 2녀 중 넷째로 태어났다. 이른바 '경술국치'라 하여 일본이 조선을 강제로 병합한 바로 그해이다.

동래는 특히 항일의식이 투철한 지역이었다. 그녀의 나이 여덟 살 무렵, 일제의 무단통치에 비분강개한 아버지는 스스로 목숨을 끊었다. 아버지의 죽음은 박문희, 박문호, 박차정 삼남매가 일찍이 독립운동에 뛰어드는 데 결정적인 영향을 끼쳤다.

어머니 또한 이 지역의 유명한 항일 가문 출신이었다. '태항산 호랑이'로 불렸던 김두봉과 사촌지간이었던 어머니는 삯바느질로 어렵게 생계를 이어갔으나 강인하고 올곧은 성품으로 자식들을 훌륭하게 키워냈다.

3.1 만세운동 전후 동래 지역 남녀 학생들은 박차정의 집에서 자주 회합을 가졌다. 민족 단체인 신간회 중앙 집행위원으로 활동하며 경성성서학원(현 서울신학대학교)에 재학 중이던 큰오빠 박문희가 이 지역 청년운동의 구심점이 되었다.

둘째 오빠 박문호는 의열단원이었고, 박차정은 열네 살 때 조선소년동맹 동래지부에 가입하여 어린 혁명가의 길을 걷기 시작했다. 집에는 수시로 일경이 들이닥쳤다. 한번은 오빠들을 만나러 온 학생들과 같이 경찰서 유치장에 갇히기도 했다.

1925년 동래고보와 일신여학교 학생들의 동맹 휴학은 조선총독부를 발칵 뒤집어 놓았다. 동맹 휴학의 대외적인 명분은 학생 처우 개선이었으나 본질은 일본 제국주의를 향한 저항 의지를 표출하는 것이었다.

당시 일신여학교 1학년에 재학 중이던 박차정은 동맹 휴학에 주
도적인 역할을 했다. 오빠들이 활동하는 모습을 보고 자란 그녀에
게 일경의 감시를 따돌리는 것은 일도 아니었다. 노파로 변장하고
밤중에 여학생들 집을 일일이 찾아다니며 전단지를 배포하는 그
녀의 곁에는 항상 일곱 살짜리 어린 동생 문하가 있었다.

졸린 눈을 비벼가며 밤거리를 따라다니는 동생을 볼 때면 문득
설움이 솟구치기도 했다. 결혼 후 스물일곱 살에 병을 얻어 요절
한 언니 박수정에 대한 그리움 때문이다.

"이럴 때 언니가 살아 있었더라면……."

시련 그리고 또 다른 출발

박차정은 독립을 향한 열정만큼이나 문학적인 감수성 또한 뛰
어났다. 재학 당시 발간된 교지에 실린 작품에는 언니를 잃은 동
생의 슬픔이 고스란히 녹아 있다.

개구리 소리

천궁에서 내다보는 한 조각 반월이

고요히 천지 위에 비칠 때

우리집 뒤에 있는 논 가운데는
뭇 개구리 소리 맞춰 노래합니다.

이 소리 들을 때마다
옛 기억이 마음의 향로에서 흘러 넘쳐서
비애의 눈물이 떨어집니다.

미지의 나라로 떠나신 언니
개구리 소리 듣기 좋아하더니
개구리는 노래하건만
언니는 이 소리 듣지 못하고 어디 갔을까!*

또 한번은 일제 치하에서 신음하는 민중의 현실을 상징적으로 표현한 단편 소설 〈철야〉를 교지에 발표한 적이 있는데 이에 감동한 담임교사가 사비로 장학금을 내주었다는 일화가 있다.

화가이며 문인으로도 활동한 나혜석은 이 글을 읽고 직접 박차정을 찾아와 문단 진출을 권하기도 했다. 그러나 조국의 암담한 현실은 더 멀고 험한 길로 그녀를 이끌었다.

---

* 편의상 한글 맞춤법을 적용하였다.

1927년 5월에 창설된 근우회는 전국적인 규모의 여성 항일 투쟁 연합 단체였다. 일신여학교를 졸업한 후 경성으로 올라온 박차정은 근우회 핵심 인물로 활동했다.

반제국주의와 반봉건운동을 기본으로 한 근우회는 여성에 대한 사회적·법률적 차별 철폐와 인신매매 및 공창제 폐지, 여성 노동자의 임금 차별 철폐, 산전산후 임금 지불 등 당시로서는 획기적인 주장을 행동 강령에 담았다.

박차정에게 근우회 활동은 여성 운동가로서의 내공을 다지는 발판이 되기도 했다. 근우회는 이듬해 광주에서 일어난 학생항일운동을 전국적으로 확산시키는 데 총력을 모았다. 그 중심에 박차정이 있었다.

광주 학생항일운동은 1929년 10월 30일 나주역에서 일본 중학생들이 우리나라 여학생들의 머리채를 잡아당기며 성희롱한 사건이 빌미가 되어 일어난 항일운동이다. 이 장면을 목격한 광주고보 학생과 일본 학생들 간에 난투극이 벌어졌다. 그런데 일경은 가해자인 일본인을 편들어 광주고보 학생 박준채를 구타하는 만행을 부렸다. 이 소식을 듣고 분노한 호남 지역 학생들은 물론 교사들까지 들고 일어났다. 1929년 11월 3일 광주에서 시작된 시위는 이듬해 1930년 5월까지 조선 팔도를 항일의 함성으로 물들였다.

이때 박차정은 경성 지역 11개 여학교 대표들과 연합 시위를 주도한 혐의로 서대문형무소에 구금되었다. 그녀가 스무 살 되

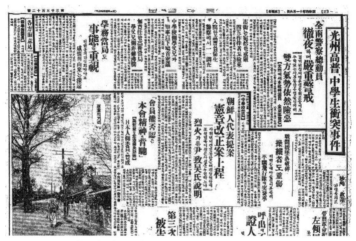
1929년 11월 6일 자 동아일보에 보도된 광주 학생항일운동 당시 격문을 다룬 기사

던 해였다.

3개월 동안 그녀에게 혹독한 고문이 가해졌다. 차마 말로 형언하기 어려운 고통 속에서도 그녀는 끝내 동지들의 이름을 부르지 않았다. 큰오빠 박문희가 병보석을 신청해 가까스로 풀려났을 때 그녀의 몸은 이미 만신창이가 되어 있었고, 고문의 후유증으로 박차정은 평생 임신을 하지 못하는 몸이 되었다.

시련은 가혹했으나 그녀는 결코 움츠러들지 않았다. 당시 둘째 오빠 박문호는 의열단 본부가 있는 중국 남경에서 활동하는 중이었다. 출옥 후 꼬박 한 달을 병석에 누워 있었던 박차정은 박문호가 보낸 의열단원을 따라 중국행 배에 올랐다.

그리고 이곳에서 혁명 동지이자 평생의 반려자가 된 운명의 남자, 약산 김원봉을 만나 사랑에 빠진다.

운동가에서 무장 투쟁의 지도자로

김원봉과 박차정은 여러 모로 통하는 게 많았다. 둘 다 문학에 조예가 깊었고 가슴이 뜨거웠다. 투르게네프, 톨스토이, 도스토예프스키 등 러시아 문학에 심취해 있던 김원봉은 첫 부인과 사별한 후 외롭게 지내던 중이었다. 그런 그에게 구국의 일념으로 만리타국을 달려와 당찬 눈빛을 쏘아대는 단발머리 여인은 단순한 동지 이상의 감정을 갖게 했다.

무엇보다 그녀에게는 독립운동에 대한 확고한 신념이 있었다.

"자유는 결코 남에게서 구해지는 게 아니라 우리의 피로써 쟁취하는 것이다."

김원봉의 열정적인 연설은 박차정을 매료시키기에 충분했다. 1931년 김원봉과 결혼한 그녀는 북경 화북대학교를 졸업하고 항일운동에 본격적으로 뛰어들었다.

무장 투쟁에 참여한 것은 이때가 처음이었는데, 남자들에게 뒤지지 않기 위해 무술과 사격, 승마 기술을 열심히 연마했다. 다행

김원봉과 박차정의 결혼사진

히 소녀 시절부터 오빠들을 따라 현장에서 시위를 주도하던 실력이 녹슬지 않았다. 몸은 하루가 다르게 날렵해졌고 그녀는 점차 투사로서의 면모를 갖춰 갔다.

얼마 후 박문희가 중국으로 건너왔다. 이로써 문희, 문호, 차정 삼남매는 한곳에 모였지만 고국에는 홀어머니와 막내 문하만 남았다. 안부가 궁금해도 편지 한 장 쓸 여유가 없었다. 자금난에 시달리는 부대에서 병사들을 굶기지 않으려면 한푼이라도 아껴야 할 판국이었기 때문이다.

이듬해 김원봉은 중국 정부로부터 지원을 받아 조선혁명간부학교를 세우고 박차정을 여성부 교관에 임명했다. 인재를 키워 조국 해방을 앞당기는 것이 두 사람의 공동 목표였다. 이 시기 박차정은 임철애 또는 임철산이라는 가명으로 더 알려졌다.

조선에서 자란 소년들이여
가슴에 피 용솟음치는 동포여.
울어도 소용없는 눈물을 거두고
결의를 굳게 하여 모두 일어서라.

한을 지우고 성스러운 싸움으로
필승의 의기가 여기서 핀다.

그녀가 직접 가사를 쓰고 곡을 붙인 것으로 알려진 조선혁명간
부학교의 교가이다. 3년 동안 125명의 청년 간부들을 배출한 이
학교는 당시 침체된 독립운동에 활기를 불어넣었다. 시인으로서
일제에 항거한 이육사도 조선혁명간부학교 출신이다.

김원봉과 박차정은 좌우 어느 한쪽에 치우치지 않은 진보적 민
족주의자였다. 당시 독립운동 진영은 두 갈래 세 갈래로 찢어져
극심한 갈등을 겪고 있었다. 1935년 김원봉은 민족주의와 사회주
의 정당을 하나로 뭉친 민족혁명당의 지도자로 부상했고, 박차정
은 중국의 여성 동지들을 규합하여 남경조선부녀회를 창설했다.

박차정은 조선의용대의 알뜰한 살림꾼이자 버팀목과도 같은 존
재였다. 22명의 부녀회원들과 함께 병사들의 군복을 만들거나 꿰
매고, 감자밭을 일구고 도토리를 주워 식량을 마련하는 틈틈이 총
검술을 가르쳤다.

한편으로는 타국 생활에 지친 대원들의 마음을 따뜻하게 어루
만져 주는 것도 잊지 않았다. 대원들은 그녀를 친누이나 친언니처
럼 따랐다.

의로웠으나 외로운 죽음

1938년 10월, 마침내 전면적인 항일 군사전을 선포한 김원봉은 조선의용대 총대장으로 취임하며 박차정을 부녀복무단장으로 임명했다. 이 시기 일본은 김원봉을 체포하기 위해 백범 김구보다 많은 액수의 현상금을 내걸었다. 중국 국민당 정부의 지원으로 창설된 조선의용대는 주로 최전선에 배치되어 교란 작전을 펼쳤다.

"부디 몸조심하시오."

김원봉은 부대가 출격할 때마다 박차정에게 간곡한 당부의 말을 건네곤 했다. 전장에서 그녀가 맡은 임무는 진두에서 확성기를 들고 일본군을 상대로 선전 방송을 하거나 아군 병사들을 독려하는 일이었다. 상당한 위험을 감수할 수밖에 없는 일이었다.

하지만 박차정은 몸을 사리기는커녕 펄펄 날아다녔다. 한 손에 확성기를 들고 독전 방송을 하다가도 어느 틈에는 부상병을 치료하고 있고 잠깐 안 보인다 싶으면 직접 총을 들고 전선을 누볐다.

1939년 2월, 일본군이 남방 침략의 발판으로 삼으려 했던 곤륜산으로 출격 명령이 떨어졌다. 이때 박차정은 목이 쉬도록 방송을 하고 평소보다 몇십 배는 더 많이 적진을 향해 나아갔다. 그러다 결국 일본군의 총에 맞아 어깨에 치명상을 입었다. 그러나 전장에서 제대로 치료받을 길이 있을리 없었다.

1941년 김원봉은 조선의용대 대원들을 팔로군과 광복군에 편

해방 후 밀양에 안장된 박차정의 유해

입시키고 중경 대한민국 임시정부에 합류했다. 이때까지 극심한 후유증에 시달리던 박차정은 짧은 기간이나마 전장이 아닌 곳에서 김원봉과 함께 지낼 수 있었다. 간간이 몸을 움직일 정도가 되면 임시정부 특사 자격으로 라디오 방송에 출연하여 대(對)일본 선전 방송을 내보내기도 했다.

1944년 5월 27일, 운명은 그녀에게 더 이상의 시간을 허락하지 않았다. 그토록 바라던 해방을 목전에 두고 박차정은 끝내 숨을 거둔다. 시신은 해방이 된 후에야 고국에 묻혔다. 피 묻은 군복과 함께 박차정의 유골을 들고 돌아온 이는 남편 김원봉이었다.

박차정 동상

　하지만 해방된 조국에 두 사람이 설 곳은 없었다. 더구나 김원봉은 친일 경찰로 악명 높았던 노덕술에게 '빨갱이 두목'으로 몰려 온갖 고문을 당하고 풀려났으며, 그 뒤에도 항시 암살의 위협에 시달렸다. 해방 후 혼란스러운 정국에서 남북이 하나된 통일정부 수립을 주장했다는 이유였다.

　"여기서는 왜놈들 등쌀에 언제 죽을지 모른다."

　의열단 동지에게 이 말을 남기고 월북을 단행한 김원봉은 북한 정권의 고위직에 오르기도 했으나 1958년 숙청으로 생을 마감했다. 그의 사망에 대해서는 자세히 알려진 바가 없다. 다만 북한 정권에서 그를 장개석의 사주를 받은 국제 스파이로 몰자 분통한 나머지 청산가리를 입에 털어 넣고 자살했다는 설이 유력하다.

분단의 모순은 여기서 끝나지 않았다. 대한민국 정부는 김원봉의 아내라는 이유로 박차정의 이름을 50여 년간 독립유공자 명단에서 지워 버렸다. 조국을 위해 목숨 걸고 싸웠으나 바로 그 조국에게서 철저히 외면당한 그녀의 공적이 세상에 알려진 것은 1995년이 되어서였다. 정부는 그녀에게 건국훈장 독립장을 추서했다.

박차정의 오빠들도 차례로 죽음을 맞거나 생사를 알 길이 없었다. 그녀가 죽기 직전 친구의 밀고로 일경에 붙잡힌 둘째 오빠 박문호는 강제 송환된 후 서대문형무소에서 생을 마감했고, 의열단 국내 비선으로 활동했던 큰 오빠 박문희는 일경에 체포되어 2년 형을 언도받고 만기 출옥한 뒤 해방을 맞았으나 이후 한국전쟁이 발발하여 서울에서 부산으로 피난 가던 중 행방불명되어 생사를 확인할 길이 없다.

> 내 형제들은 왜놈들 치하에서 모두가 가정을 버리고 놈들의 철장 속에서 또는 이역만리 망명의 길에서 숨져 갔지마는, 나 혼자만이 비겁하게도 어떻게 하여서라도 집을 지키면서 어머님을 뫼셔 알뜰한 가정을 한번 가져 보고 죽겠다고 오늘날까지 몸부림쳐 왔던 것이다.

혈육으로는 유일하게 살아남은 막내 박문하의 수필집에 담긴 글이 공허한 울림을 남긴다.

박차정은 남편 김원봉의 고향인 밀양의 마을 공동묘지에 쓸쓸히 잠들어 있다. 2015년 당시 새정치민주연합 대표였던 문재인 대통령은 광복 70주년을 맞아 자신의 SNS에 이런 글을 썼다.

> 약산 김원봉 선생에게 마음속으로나마 최고의 독립유공자 훈장을 달아 드리고, 술 한 잔 바치고 싶다.

김원봉과 박차정의 생애는 당시 항일운동가들의 생애를 다룬 영화 〈밀정〉과 〈암살〉 등의 흥행과 더불어 세간의 이목을 끌기도 했다.

2018년 6월, 국가보훈처는 과거 사회주의 활동을 했다 하더라도 북한 정권에 적극적으로 협조하지 않았다면 독립유공자 포상을 받을 수 있도록 제도를 바꾸었다.

그 결과 박차정의 큰오빠 박문희는 건국훈장 애족장에 추서되었고, 둘째 오빠 박문호는 직계 후손이 없는 관계로 서훈 신청이 늦어져 현재 심사 계류 중이지만, 김원봉의 독립유공자 서훈 문제는 아직 뜨거운 논란의 중심에 있다.

밀양 의열기념관 앞 벽화거리에는 김원봉과 박차정의 실물 크기 초상화가 세워져 있다. 불타오르는 눈빛, 굳게 다문 입술.

한 시대를 뜨겁게 살다간 두 사람이 우리에게 묻는다.

"조국을 위하는 길에 무슨 사상이 필요할 것인가?"

박차정이 활동한 독립 단체

조선의용대 부녀복무단

1938년에 창설된 조선의용대가 중국 우한에서 일본군의 공격을 받아 함락되자 광시성 구이린으로 본부를 이동한 후 조선의용대 부녀복무단이 결성되었다. 부녀복무단원들은 일본군에 대한 정보 수집과 대원 모집 활동을 펼쳤다. 중국 국민당 지구에서 활동했던 조선의용대 부녀복무단은 일본군으로 참전했다가 중국 국민당 포로로 잡힌 우리 병사 30여 명을 빼내 기본적인 훈련 과정을 거친 뒤 조선의용대로 편입시켰다.

근우회

여성운동을 효율적으로 통합하기 위해 1927년에 결성된 전국 규모의 여성 단체로, 신간회의 지원 단체였다.

여성의 지위 향상을 목표로 한 근우회는 문맹 퇴치를 위해 한글 교육에도 힘을 쏟았다. 그 후 사회주의 계열이 주류를 이루어 정치적

근우회

이념화를 추구하기도 했다. 일제의 계속된 탄압과 내부 분열로 인해 1931년에 해체되었다.

남경조선부녀회

1935년 의열단을 비롯해 독립운동 단체 5개를 통합한 조선민족혁명당이 창당되자 박차정과 이성실(지청천 장군의 부인)은 남경조선부녀회를 결성했다.

이 단체를 통해 여성들의 단결을 촉구하며 민족의 독립과 여성 해방을 쟁취하고자 했다. 이는 박차정이 오랫동안 추구해 온 민족 해방과 여성 해방이 동시에 이루어져야 한다는 이념과도 일맥상통한다.

불의 여인
안경신

너희가 나의 죄를 증명하라
||||||||||||||||||||||||||||||||||||||||||||||||||||||||||||||||||||||||||||||||||

1921년 6월 12일 자 동아일보에 실린 글이다.

> 평남도청에 폭탄을 던진 관계자의 한 사람으로 잡힌 여자 안경
> 신은 1심에서 사형 선고를 받았다. 독립운동이 시작된 이래로 여
> 자의 사형 선고는 안경신이 처음인 듯.
> 그 여자는 지금 젖먹이를 데리고 있다 한다. 현재 서대문감옥의
> 여감에서 징역을 사는 여자는 75명인데, 그중 일본인과 중국인
> 12명을 제외하고 63명은 조선 여자이며, 그것도 3명 외에는 전부
> 독립운동에 종사한 정치범이라 한다.

당시 유일하게 민족 정론지 역할을 했던 동아일보는 평남도청
폭탄 투척 사건이 일어난 시점부터 체포 경위, 법정 투쟁에 이르
기까지 안경신의 행적을 세세하게 기록하고 있다.

안경신은 이날 어린 아기를 품에 안고 법정에 나타났다. 체포 당
시 아이를 갓 출산한 몸이었다.

여자가 폭탄범이라는 사실만으로도 놀라운 판국에 만삭의 몸
으로 거사를 강행했다는 사실이 알려지자 사람들은 경악을 금치
못했다.

같은 해 10월 1일, 평남도청 및 평양경찰서 폭탄 투척 사건 항

고심 재판이 열렸다. 이날 법정은 몰려든 방청객으로 발 디딜 틈도 없었다.

"피고는 무슨 불만으로 1심 판결에 불복하는 공소를 제기하였는가?"

"내가 하지 않은 일을 하였다고 하면서 죽으라는데 불만을 갖는 것이 당연한 일 아니겠습니까?"

안경신은 재판장의 사실 신문에 당당하게 대꾸했다. 그 순간 법정 한구석에서 아이 울음소리가 터져 나왔다. 난데없는 아이 울음소리에 설마했던 방청객들은 기함을 했다. 강보에 싸인 아이가 차가운 마룻바닥에 눕혀져 있는 것이었다.

"정숙!"

재판장의 호령에 아이는 더욱 거세게 울어 젖혔다.

"아기가 놀란 모양이니 잠시만 포승을 풀어 주십시오."

안경신의 요구에 재판장은 마지못해 고개를 끄덕였다. 간수가 포승을 풀어 주자 그녀는 조용히 아이를 품에 안았다. 그러고는 익숙한 동작으로 아이를 어르기 시작했다. 곧 울음소리가 잦아들었다.

법정에서 좀처럼 보기 힘든 모습에 사람들은 입을 다물지 못했다. 잠든 아이를 들여다보는 그녀의 얼굴에는 슬픔이 가득했다.

"피고는 그만 앞으로 나오라."

판사는 그녀를 다시 법정에 세우고 물음을 이어갔다.

"피고는 상해 가假정부로부터 미국 국회위원단이 평양을 통과하는 일자에 맞춰 평남도청에 폭탄을 던지라는 지시와 함께 폭탄 세 개를 받아 장덕진 외 세 명과 같이 평양에 잠입, 작년 8월 3일 밤에 장덕진과 함께 평양경찰서에 폭탄을 던지려고 하다가 목적을 달성치 못한 일이 있는가?"

"……그때 내가 경찰서로 폭탄을 가지고 가는 것을 본 사람이 있습니까?"

안경신의 싸늘한 반문이었다.

곧이어 평양 숭실중학교 교복 차림의 앳된 소년이 증인석으로 나왔다. 이 사건의 유일한 목격자 김효록이었다.

"증인은 사건 당일 피고 안경신을 본 적이 있는가?"

판사의 물음에 한참을 머뭇거리던 김효록이 떨리는 목소리로 말했다.

"없습니다."

"증인은 이미 경찰과 검사국에서 안경신을 본 적이 있다고 진술하였다. 법정에서 위증하면 학생 신분이라 해도 감옥에 간다는 사실을 알고 있는가?"

"……예."

판사가 다시 물었다.

"그런데 이제 와서 말을 바꾸는 이유는 무엇인가?"

"앞서 제가 경찰서에서나 검찰에서 한 말은 모두 악형을 견디다

평양경찰서

못해 나온 거짓입니다. 부디 용서해 주십시오."

어린 중학생의 입에서 악형이라는 말이 나오자 판사는 이맛살을 잔뜩 찌푸렸고 방청석은 또다시 혼란에 휩싸였다.

"저는 평양경찰서 형사들에게 체포되었을 때 대동강물에 세 번이나 빠뜨려져 죽을 뻔한 일이 있습니다. 그리고 경찰서로 압송되었을 때나 검사국에서 취조를 받을 때도 조사에 협조하지 않으면 더 큰 벌을 받을 것이라며 죽도록 매질을 하기에 어쩔 수 없이 시키는 대로 대답한 것뿐입니다."

"그럼 너는 저기 앉아 있는 피고를 본 적이 없단 말이냐?"

"오늘 처음 보는 얼굴입니다."

"재판장님! 증인은 거짓말을 하고 있습니다. 너는 작년 여름 사건 발생을 전후하여 장덕진을 비롯한 여섯 명의 남자와 한 명의 여자에게 20일 동안 밥을 지어 나른 적이 있다 하였으며, 여자가 안씨 성으로 불렸다고 네 입으로 말했다. 그래 놓고 이제 누구의 사주를 받고 위증을 하는 것이냐?"

매서운 검사의 추궁에 겁먹은 소년은 온몸을 부들부들 떨었으나 끝내 자신의 주장을 굽히지는 않았다.

"제가 밥 심부름을 한 건 분명한 사실이지만 여자가 있는 것은 보지 못했습니다."

순간 안경신의 입가에 묘한 미소가 떠올랐다. 그녀는 무슨 생각을 하고 있는 걸까?

신문은 그녀의 모습을 이렇게 전하고 있다.

> 안경신은 한참 젖 끝을 물고 놓지 아니하려고 어머니의 가슴을 허비는 한 살 먹은 어린 아기를 법정 마루에 떼어 놓고 재판장 앞에 잠깐 나갔다가, 증인 김효록의 심문이 이어지자 다시 보채는 아이를 달래며 앉아 있다.

이윽고 김효록의 심문을 마친 판사가 다시 안경신을 앞으로 불러 세웠다.

"피고는 장덕진 등과 평양시 대동군 이천리 김응봉의 집에 은

신해 있었다고 진술한 바 있다. 그때 증인을 만난 적이 없는가?"

"나는 피치 못할 사정으로 그분들과 민가에서 며칠 기거한 적은 있으나 저 학생이 누군지 모릅니다. 김효록이라는 이름도 경찰서에서 처음 들었습니다."

"재판장님, 지금 피고와 증인은 둘 다 거짓말을 하고 있습니다."

검사가 벌떡 일어나 두 사람을 죽일 듯이 노려보았다. 그는 폭탄범 일당과 한 달 가까이 은신해 있던 그녀가 매일 밥을 날라 준 김효록을 알지 못한다는 건 있을 수 없는 일이라며 목에 핏대를 세웠다.

"나는 여자의 몸으로 여섯 분의 남자와 겸상을 한 적이 단 한 차례도 없습니다. 그분들과 한자리에 섞인 적도 없거니와 낯모르는 이 앞에 나선 적은 더더욱 없습니다. 저 학생도 나를 모른다 하고 나 또한 저 학생을 본 적이 없는데 어찌 아무 상관도 없는 사람들을 이리도 몰아붙이십니까? 내가 폭탄범이라면 다른 증거를 대십시오."

공소 내용을 조목조목 반박하는 그녀의 항변에도 불구하고 판사는 증인 김효록에게 위증죄를 적용하여 옥에 가두고 공판을 다음 기일로 연기하였다.

간수들에게 끌려 나가는 소년과 눈이 마주친 순간 짧은 정적이 흘렀다.

이를 지켜보는 방청객들은 한 가지 의문에 사로잡혔다.

대체 저 여인은 유죄인가? 무죄인가?

그녀는 폭탄범이 아니다
||||||||||||||||||||||||||||||||||||||||||||||||||||||||||||||||||||||||

실제로 김효록은 이날 위증을 했다. 그는 사건이 있던 1920년 8월 3일부터 같은 달 23일까지 친척의 부탁으로 외딴집에 숨어 지내는 사람들에게 남몰래 음식을 가져다주었다.

전달 장소는 외딴집 울타리 너머 버드나무 아래였다. 처음에는 김씨 성을 가진 남자 셋이 교대로 밥을 가지러 나왔다. 안씨 성을 가진 여자와 장씨 성을 가진 남자 두 명이 나타난 것은 그로부터 며칠 지나서였다.

누군가 도청을 불바다로 만들 뻔했다는 소식에 평양 시민들이 공포에 떨었던 날 새벽, 김효록은 버드나무 아래로 음식을 전달하러 갔다가 처음으로 여섯 명이 함께 있는 것을 보았다.

"도청에 던진 폭탄은 폭발이 되었으나 담벼락이 좀 무너지고 유리창 몇 개 깨진 정도로는 우리의 뜻이 세상에 전해지기 어려울 것이오."

"경찰서에 가지고 갔던 것은 도화선이 물에 젖어 던지지도 못했어요."

음식 꾸러미를 내려놓고 돌아서는 순간 자기들끼리 수군대는 말을 듣고 어린 소년은 소스라치게 놀랐다. 뒤에 한 말은 안씨 성을 가진 여자 입에서 나온 소리였다.

평양은 전국에서 3.1 만세운동이 제일 먼저 일어난 지역이다. 경성 태화관에서 민족 대표 33인이 독립선언문을 낭독함과 동시에 평양 시민들은 태극기를 들고 거리로 뛰쳐나왔다. 그 중심에 평양 숭실학교가 있었다.

비록 나이는 어렸으나 독립운동을 지지하는 마음은 중학생이라고 크게 다르지 않았다. '조선의 간디'로 불린 고당古堂 조만식을 마음으로 따랐던 김효록은 이때 자신이 보고 들은 것을 그 누구에게도 말하지 않았다.

일제는 전국의 경찰을 동원하여 대대적인 수사를 벌였으나 해가 바뀌도록 사건의 실마리조차 잡지 못했다. 그러다 마침내 평양시 대동군 이천리 김응봉의 집에서 아무 연고도 없는 외지인들이 여러 날 숨어 지냈으며, 그들에게 매일 음식을 가져다준 학생이 있다는 정보를 입수했다. 평양경찰서 고등계 형사들은 곧바로 김효록을 체포했다.

이미 안경신과 행동을 함께한 동지들은 전부 뿔뿔이 흩어지고 출산일이 가까운 그녀 혼자 이곳저곳 숨어 다닐 때였다. 어린 소년에게 물고문을 가해 도청과 경찰서에 폭탄을 던진 이들 가운데 여자가 한 명 있었다는 진술을 받아 낸 형사들은 평안도와 함경도 일대를 샅샅이 뒤지고 다녔다.

1921년 3월 20일, 날이 채 밝기도 전에 함흥 만세교 아래 어느 민가로 형사들이 들이닥쳤다. 삽시간에 집 안은 아수라장이 되었고, 골방에서 갓난아기와 함께 잠을 자던 여인이 머리채를 잡혀 끌려나왔다.

한편 안경신이 1심에서 사형 선고를 받은 결정적인 이유가 목격자의 증언이었다는 사실을 알게 된 김효록의 조부는 고심 끝에 손자를 데리고 고당 선생을 찾아갔다.

"젖먹이까지 딸린 여인이라 하니 목숨만은 살려야 하지 않겠습니까?"

노인의 간곡한 청에 고당의 고심도 깊어질 수밖에 없었다. 법정 증언을 번복했다가는 어린 학생이라도 위증죄를 면하기 어렵기 때문이었다. 그렇더라도 어린 소년을 겁박하여 강제 진술을 받아 낸 악질 고등계 형사들의 책임을 묵과할 수는 없는 노릇이었다.

마침 이 무렵 상해에서 조선총독부와 평양지방법원으로 서신이 당도했다.

도청에 폭탄 던진 사람이 여기 있다.

발신인을 '문일민'이라 밝힌 편지는 상해 임시정부 경무국장 김구를 비롯하여 이탁, 장덕진의 서명을 첨부하여 다음과 같이 끝을 맺었다.

평남도청 폭탄 사건은 임시정부 특명으로 광복군 사령장의 지휘 하에 결사대장 장덕진이 동지 수 명과 더불어 투탄한 것이며, 안 경신은 전혀 무관하니 방면하라.

실제로 이 사건은 1920년을 '독립전생의 해'로 선포한 상해 임시정부와 중국 각지에 산재해 있던 항일 무장 단체들이 합동 작전으로 강행한 거사의 일환이었다.

독립운동 지휘부는 이해 8월 미국 국회의원들의 한반도 순방을 틈타 조선 독립의 의지를 세계만방에 알릴 목적으로 그들의 경유지인 황해도, 평안도, 경성의 주요 기관 파괴 임무를 수행할 결사대를 조직했다. 그중에는 안경신이 있었다.

결사대는 3개 부대로 이루어졌다. 각 부대는 중국에서 국내로 들어오는 과정부터 거사 당일까지의 여정과 동선이 달랐다. 신분을 위장하기 위해 철저히 역할을 분담했던 것이었다. 더군다나 문일민은 작전을 마친 후 대원들과 합류하지 않고 독자적으로 조선을 탈출했다.

안경신과 평양도청 폭탄 투척 사건의 무관함을 주장한 문일민의 편지는 설득력이 있었다. 근거를 일목요연하게 제시한 그 내용은 독립신문을 통해 일반 사람들에게도 알려졌고 이내 국내 여론은 들끓기 시작했다.

이러한 때 김효록이 폭탄범들과 함께 있었다고 증언한 안씨 성을 가진 여성의 실체는 항고심에서 안경신의 운명을 가를 마지막 열쇠였던 것이다. 어린 나이였지만 김효록은 실형의 위험을 무릅쓰고 진술을 뒤집기로 결심했다.

1922년 4월 10일, 장장 3년을 끌어 오던 '여자 폭탄범 안경신'의 항고심 최종 공판이 열렸다. 재판부는 치안방해죄와 공공기관 폭파 사건 공모죄를 적용하여 징역 10년을 선고하였다. 정황상 사형은 무리한 구석이 있음을 인정한 결과였다.

"도대체 당신들이 무슨 권리로 나를 3년씩이나 가둬 놓았다가 이제 또 징역을 살라는 것인가!"

재판장의 선고가 끝나기도 전에 안경신이 외쳤다.

"일본은 내 죄를 입증하지 못하니 나는 무죄요!"

간수들이 우악스럽게 그녀를 끌어내리자 방청석에 있던 노파가 앞으로 뛰쳐나왔다.

"이놈들아! 내 딸을 놔 주어라!"

"어머니!"

"경신아!"

모녀의 절규에 법정에는 숙연한 기운마저 감돌았다.

동아일보는 이날 현장의 분위기를 다음과 같이 전했다.

간수가 안경신을 억지로 이끌고 재판소 문을 나서고자 하는 동시에 방청석에 있던 안경신의 모친이 돌연히 울음소리를 높이 내며 달려들어 안경신의 허리를 끌어안고 아우성을 치는 때에 방청자가 밀려들고 간수가 날뛰며 일시 대혼잡을 이루었더라. 안경신은 흐트러진 머리를 땅에 굴리고 악을 쓰며 얼굴은 창백하게 변하여 정신을 차리지 못하며 한참 동안 재판소 유치장 안에서 울다가 다시 평양감옥을 향하는 자동차에 실리었다더라.

꺾일지언정 휘어지지 않으리라

일제는 이전부터 안경신을 눈엣가시로 여겨 왔다. 그녀가 바로 3.1 만세운동의 열기가 사그라들 즈음인 1919년 10월, 평양 서문동 광장에서 다시 '대한독립만세'를 이끌어 낸 장본인이었기 때문이다.

안경신의 나이 스물다섯 때의 일이다. 그녀가 7개월이나 늦게 만세운동을 일으킨 까닭은 무엇일까?

그녀는 평안남도 순천 태생으로 평양 여자고등보통학교 기예과를 다니다가 2학년 때 중퇴한 것으로 알려졌다. 이후 결혼을 했으나 얼마 안 가 남편과 사별하고 친정으로 돌아갔다. 그녀가 평양에 다시 나타난 것은 1919년 10월이었다.

어린 나이에 과부가 된 그녀는 고향에서 신앙생활에 열중하다 3.1 만세운동을 맞이한 것으로 보인다. 아마도 당시는 피치 못

안경신

할 사정으로 시위에 동참하지 못했거나 설령 현장에 있었다 하더라도 달라지지 않은 현실에 분노하여 다시 그 불꽃을 되살리고 싶었던 것일 수도 있다.

"우리 다 함께 만세를 부르면 조선이 자유 국가임을 세계만방에 알릴 수 있습니다."

그녀의 연설에 시민들이 삼삼오오 모여들었고, 그해 3월 1일 광장을 가득 메웠던 뜨거운 함성이 다시 울려 퍼졌다.

이번에도 일제는 총검으로 시위대를 해산시켰고, 안경신은 약한 달간 경찰서에 구금되어 여자로서는 감당하기 힘든 고초를 겪었다. 하지만 그 어떤 치욕도 그녀를 무릎 꿇게 하지는 못했다.

이즈음 평양에서 대한애국부인회가 결성되었다. 감리교 여성 신도들이 주축이 된 대한애국부인회는 전국적인 조직망을 갖춘 국내 여성 항일운동 단체였다.

안경신은 재무 담당을 맡아 상해 임시정부에 군자금을 전달하는 임무를 수행하였다. 이 정보를 입수한 일제는 대한애국부인회 간부 명단을 각 경찰서에 돌리고 대대적인 검거 작전을 벌인다. 이 과정에서 100명이 넘는 회원들이 체포되었다.

일경의 포위망이 좁혀 오자 안경신은 장차 혼인을 약속한 김행일과 함께 상해로 향했다. 그런데 부인과 사별한 장사꾼인 줄 알았던 남자는 아편 중독자에 처자식까지 딸린 유부남이었다. 김행일과 결별한 안경신은 대한청년단연합회의 일원으로 본격적인 항일 투쟁의 길로 들어섰다.

"3.1 만세운동이 큰 효과를 내지 못한 건 우리 국민의 단결과 힘이 미치지 못하였기 때문입니다. 나는 침략자들을 섬나라로 쫓아낼 방법이 무엇인가 곰곰이 생각해 보았습니다. 방법은 이제 무력적인 응징뿐입니다."

평소 안경신이 동지들에게 했던 말이다.

장덕진, 문현철, 박공, 김창수 등의 대한청년단연합회 동지들과 함께 국경을 넘을 때 그녀는 임신 7개월의 몸이었다. 매의 눈을 가진 일본 헌병도 홀몸이 아닌 그녀가 펑퍼짐한 한복 치마 속에 폭탄을 숨겼으리라고는 상상도 하지 못했다.

위험한 고비가 없었던 건 아니다. 어둠을 틈타 압록강을 헤엄쳐 천신만고 끝에 육지에 오른 대원들은 낮에는 주로 산길을 이용했다. 그러다가 평안남도 안주의 어느 호젓한 산중에서 일본 경찰 두 명과 마주쳤다. 무슨 낌새를 눈치챘는지 집요한 검문이 이어졌다.

절체절명의 순간.

몸수색을 하려는 그들에게 협조하는 척하면서 누군가가 재빨리 권총을 빼 들었다. 안경신은 총성이 울리기 전에 두 눈을 질끈 감왔다. 뱃속의 아이에게 차마 이런 꼴을 보일 순 없었기 때문이다. 천하의 여장부도 이때만큼은 모성을 지닌 한 어미였다.

'아가야, 놀라게 해서 미안하구나. 하지만 저들은 이 나라 조선을 총칼로 무너뜨렸다. 이는 살인이 아니라 필생의 응징이란다.'

죽을힘을 다해 산길을 내달리면서 오직 이 생각만 했다. 그렇게 그녀는 스스로 담대해지고 있었다.

1920년 8월 1일, 마침내 평양성에 잠입한 대원들 중 문일민과 우덕선이 속한 1조가 먼저 행동을 개시했다. 폭우가 쏟아지던 밤, 그들이 던진 폭탄은 도청 신축 건물 일부를 파괴하며 평양 시내를 공포에 몰아넣었다. 현장에서 일경 두 명이 즉사했다.

이때 안경신은 몇날 며칠 빗속을 걸어 가까스로 평양에 당도했다. 그녀는 폭음이 진동하는 평양 시내를 먼발치에서 지켜보았다. 문일민과는 새벽에 만나기로 되어 있었다. 하지만 일경의 추격을 따돌릴 재간이 없었던 그는 끝내 약속 장소에 나타나지 않았다.

박태열과 장덕진, 안경신은 한 조에 속해 있었으나 이틀 후 박태열 혼자 평양으로 돌아왔다. 그는 장덕진과 함께 해주에 있는 동양척식회사 지점을 파괴하기로 했으나 일본 헌병대의 경계가 삼엄해 작전을 성사시키지 못하고 되돌아오는 길이었다.

8월 3일 밤, 안경신과 박태열은 헌병들이 사방에 깔린 평양 시내로 들어갔다. 이날 밤도 비가 억수같이 내렸다. 목적지는 평양 경찰서, 하지만 심지가 비에 젖는 바람에 폭탄은 불발되고 말았다.

이틀 전의 소동에 놀란 일본 헌병대와 경찰은 평양 시내를 이 잡듯이 뒤지고 다니며 폭탄범 체포에 혈안이 되었다. 만삭이 가까운 몸으로 동지들과 함께 행동하기는 어렵다고 판단한 안경신은 후일을 기약하고 평양을 벗어났다. 이곳에서 기다리고 있다가 대원들이 모이면 목선을 타고 상해로 탈출할 예정이었다.

굶주림과 공포 속에서 약속한 기일이 다가왔다.

"나는 배멀미가 심해서 함께 갈 수 없으니 동지들만이라도 우선 이곳을 떠나세요."

무거운 몸을 이끌고 포구로 나간 안경신은 애써 웃는 낯으로 작별 인사를 건넸다. 그것이 동지들과의 마지막 인사였다.

또다시 홀로 남은 그녀는 함흥으로 원산으로 은신처를 찾아다녔으나 결국 일경에 체포되고 말았다.

"이 여자가 폭탄범?"

고등계 형사들은 눈이 휘둥그레졌다. 자신들이 찾는 범인이 임산부일 줄은 몰랐던 것이다.

"이 아이는 돌봐 줄 가족이 없으니 어미인 내가 데려가겠어요."

산후조리는커녕 제대로 먹지도 못한 탓에 금방이라도 쓰러질 듯한 몸을 꼿꼿이 가누며 그녀가 담담하게 말했다. 낳은 지 열이틀이 지나도록 눈을 뜨지 못한 아들은 그녀의 품 안에서 애처롭게 울고 있었다.

가혹한 운명

"피고는 재작년 서문동에서 시민들을 선동한 일이 있는데 만세를 부르면 독립이 될 줄 알았는가?"

최종 판결을 내리기 전 재판장이 비웃듯이 물었다. 그녀는 법정을 조용히 돌아보고 낮은 한숨과 함께 이렇게 대답했다.

"기미년 3월의 만세운동을 빌미로 당신들은 무죄한 사람들의 목숨을 빼앗았지요. 나는 그에 분노하여 만세를 부른 것이오."

당황한 판사가 다시 물었다.

"여기 피고의 유죄를 말해 주는 경찰서와 검사국 조서, 기타 모든 증거가 있다. 그런데도 피고는 자신의 죄를 뉘우치지 않는가?"

"그중 내 손으로 도장 찍은 조서가 한 가지라도 있습니까? 당신들이 어떤 판결을 내리든 나는 무죄요."

더 이상의 언쟁은 일본 제국주의의 모순을 드러낼 뿐이라 여긴 재판부는 이로써 사건을 종결지었다.

그녀가 평양감옥에 수감된 지 석 달 만에 노모는 세상을 떠났다. 독립운동하는 어미를 둔 죄로 시각장애를 안고 태어난 아들은 차디찬 감방에서 걸음마를 배웠다. 10년 형기 중 7년을 채우고 가출소했을 때까지도 눈을 뜨지 못하는 아들을 부여안고 그녀는 대성통곡을 했다. 복중 태아 시절부터 그토록 험한 일을 겪었으니 자식의 장애가 어미 탓인 것만 같았을 것이다.

어머니는 돌아가셨고 자식은 병신이오니 어느 것이 서럽지 않겠
습니까마는 동지의 비명을 듣고는 눈물이 앞을 가리어 세상이 모
두 원수같이 생각됩니다.

1927년 동아일보 기자와의 인터뷰를 통해 안경신은 마지막으
로 자신의 심경을 세상에 전했다. 그녀가 말하는 동지는 장덕진을
뜻한다. 장덕진은 3년 전 상해에서 중국인과 시비 끝에 당한 폭행
의 후유증으로 세상을 떠났다.

이후 안경신은 세상으로부터 완전히 모습을 감췄다. 언제 어디
서 죽었는지 아무도 모른다.

《여성을 넘어 아낙의 너울을 벗고》를 쓴 최은희는 "안경신은 출
옥 후 어떤 농부와 재혼하여 산다는 소문이 있을 뿐 그녀를 만난
사람을 찾지 못하였다"고 술회하였다. 소문이 틀리지 않는다면 그
녀의 나이 30대 후반이거나 40대 초반, 늦게라도 착한 남자를 만
나 아들과 편안한 여생을 보내기 바란다.

정부는 1962년 건국훈장 독립장을 그녀의 이름으로 추서하
였다.

안경신이 활동한 독립 단체

대한애국부인회

1919년 평양에서 창립한 독립운동 단체이다. 1919년 6월, 북장로파 신도 한영신은 뜻을 같이한 사람들을 모아 애국부인회를 조직했다. 박승일, 이성실, 손진실, 최진석 등 감리교 여성 신도들도 같은 단체를 조직해 상해 대한민국 임시정부의 원조로 독립운동을 했다. 그러다가 11월 2일 여러 부인회를 통합하여 대한애국부인회로 개칭했다. 평양에 본부를 두고 각지에 지부를 둔 형태로 독립운동을 전개하였으며, 1920년 두 차례에 걸쳐 군자금 2,400원을 임시정부에 보내다 발각되어 회원 모두가 체포되면서 해체되었다.

대한청년단연합회

1919년 만주에서 조직된 독립운동 단체로, 각 지방 청년단의 집결 단체였다. 총재 안병찬을 필두로 한 대한청년연합회는 임시정부 지시 하에 지방에서 의용단을 조직하여 대규모의 독립전쟁을 지원하

대한애국부인회

대한청년단연합회 총장 안병찬

는 한편, 주로 일본 군경 및 친일 세력 토벌 활동을 벌였다. 한편으로
는 세계 정세 및 미국의 국가정책, 대한민국 임시정부의 방침 등을
동포에게 알리는 기관지를 발행하기도 했다.

특히 각 단체에서 10명 이상의 의용대원 경비를 부담하도록 함으
로써 자력으로 독립전쟁을 준비하도록 결의했다. 대한청년단연합회
의 주목적은 군자금을 모금하고 의용대원을 확보하여 항일 혈전을
강행하는 것이다. 국내 80여 개 단체에 3만 명의 회원이 있었다.

사랑의 힘으로
독립군 투사가 된
김마리아

포연 속에 싹튼 사랑

||||||||||||||||||||||||||||||||||||||||||||||||||||

1923년 겨울, 아직 동이 트지 않은 시각 20대 초반의 여성이 수분하(중국과 러시아의 국경 지역) 일대를 헤매고 다녔다.

초조한 눈빛의 그녀는 약도가 그려진 쪽지를 들고 있다. 잰걸음으로 몇 개의 마을을 지나친 그녀는 흑룡강성 어느 후미진 골짜기 입구에 이르러 잠시 호흡을 골랐다.

약도를 확인하는 여자의 얼굴에 옅은 미소가 떠올랐다. 소문대로라면 이 산 너머에 목적지가 있을 터였다. 그녀는 힘든 줄도 모르고 험한 산길을 올랐다. 그러나 산중 어디에도 조선 사람들의 흔적은 남아 있지 않았다.

부대는 이미 다른 곳으로 옮겨 간 후였다. 산을 내려온 그녀는 조심스레 그들의 행방을 수소문하고 다녔다.

다음 목적지는 영안현에 위치한 영고탑.

아직은 갈 길이 멀다. 추위를 떨쳐내려는 듯 다시금 걸음을 재촉하는 몸짓에 깊은 시름이 묻어난다. 그녀의 이름은 '마리아 엘레노브나 김'.

대한민국 항일 투쟁사에 두 사람의 '김마리아'가 등장한다.

한 명은 2.8 독립선언을 주도하고 국내외에서 여러 여성 단체를 이끌며 평생 독립운동에 헌신하다가 고문 후유증으로 순국한 김마리아. 변절하기 전의 이광수는 '누이야'라는 시를 써서 그녀의 애국혼을 칭송했고, 도산 안창호는 '김마리아 같은 여성이 열명만 있었어도 한국은 좀 더 빨리 독립이 되었을 것'이라고 했다.

또 다른 한 명은 철기鐵騎 이범석 장군의 두 번째 부인이자 동지로 러시아와 중국 전선을 누빈 '쌍권총의 여전사'. 여기서 살펴볼 마리아 엘레노브나 김이다.

연해주 출신의 교포 2세로 한때 소련 공산당원으로 활동하기도 했던 그녀는 지금 만주의 독립군 진영으로 가는 길이다.

15남매나 되는 그녀의 형제들은 내전이 끝난 뒤 반혁명분자로 몰려 몰살을 당하다시피 했다. 공산당 정부가 공적公敵으로 낙인찍은 러시아 정교회 신도라는 점이 숙청의 빌미가 되었다.

그녀는 살기 위해 러시아를 탈출했다.

왜 하필 독립군 진영이었을까? 바로 그녀가 흠모하는 이범석 대장이 있기 때문이다. 김좌진 장군을 도와 청산리 전투를 승리로 이끌고 독립군의 영웅으로 떠오른 이범석은 훗날 그녀에게 '마샤'라는 애칭을 붙여 주고 부부가 되었다. 그러나 아직은 그녀 혼자만의 외사랑이었다.

두 사람은 러시아 내전 막바지의 스파스카야 전투에서 처음 만났다. 당시 이범석은 스물네 살, 마샤는 스물세 살이었다.

운남 육군강무당(한인 청년들의 군사 훈련을 위해 중국에 세워진 사관학교) 기병과 수석 졸업생으로 러시아와 중국 전선을 누벼 온 이범

김마리아

석이었으나 크고 작은 부상은 일
상다반사였다.

소련군 소속 간호대원으로 이
전투에 참여했던 마샤는 그를 치
료해 준 인연으로 이범석이라는
이름 석 자를 가슴에 새겼다. 훤
칠한 키에 늠름한 인상의 청년
장교는 간단한 응급처치만 받고
다시 장총을 어깨에 메고 말에 올랐다. 부상은 아랑곳없이 전장
에 나서는 그 의연한 모습이 단박에 그녀의 마음을 사로잡았다.

스파스카야 전투는 러시아 적군파(공산당원이 주축이 된 소련군)와
백군파(소련에 반대하는 세력)의 사활을 건 전투였다. 소련군에게서
군수 물자를 지원받기로 한 이범석은 고려혁명군을 조직하여 블
라디보스토크로 진격했고 스파스카야 함락에 결정적인 공을 세운
다. 하지만 내전에서 승리한 소련 정부는 독립군의 무장 해제를 요
구했고, 불응할 경우 무차별 응징할 것이라고 선포했다.

지켜지지 않은 약속보다 독립군을 위태롭게 만든 것은 일본에
우호적인 입장으로 돌아선 소련 정부의 태도였다. 결국 소련과 독
립군 사이에 마찰이 빚어졌고, 독립군을 러시아 영토 내에서 몰아
내려는 적군파와의 교전 끝에 이범석은 총상을 입고 가까스로 살
아났다.

당시 그는 러시아 여성 올레리아와 시베리아 톰스크에서 살고 있었다. 소련의 독립군 탄압으로 러시아에 머물 수 없게 되자 올레리아와 헤어져 북만주로 건너온 그는 흑룡강성 수분하에서 고려혁명결사대를 창설하고 중국인들과 협력하여 항일 투쟁을 이어갔다. 그리고 얼마 후 김좌진 장군의 부름을 받아 영고창 독립군 부대 사령관으로 부임했을 때 올레리아가 자살했다는 소식을 들었다. 마샤가 그를 찾아온 게 이 무렵이다.

동지에서 연인으로, 그리고 부부로

어렵사리 이루어진 두 번째 만남이었으나 한동안 마샤를 대하는 이범석의 태도는 냉랭하기 짝이 없었다. 올레리아를 잃은 슬픔이 가시지 않은 상태에서 다른 여인을 마음에 둘 여유가 그에겐 없었다.

영고창에서 마샤가 맡은 보직은 피복창 주임. 대원들의 군복을 관리하는 일이었다. 수시로 전투에 나가는 대원들에 비하면 특별히 어려울 것도, 바쁠 것도 없는 임무였다.

그녀가 간호부대 출신임을 알고도 피복창 책임자로 임명한 이범석의 의도는 일정한 거리를 두기 위해서였다. 가능하면 서로 마주칠 일을 만들고 싶지 않았던 것이다.

같은 하늘 아래 있어도 아득히 멀게만 느껴지는 사람, 마샤에게 이범석은 그런 남자였다.

전투에 참여하고 싶어도 좀처럼 기회가 오지 않았다. 때때로 이범석은 소수 정예대원만을 이끌고 북만주 일대 일본군을 상대로 게릴라 작전을 펼쳤다. 마샤는 그들이 무사히 돌아오기만을 기도하며 묵묵히 자신의 소임을 다하는 것으로 안타까움을 달랬다. 그것만이 사랑하는 남자를 위해 할 수 있는 최선이었다.

하루는 새벽에 난데없는 총성이 울렸다. 일본군의 기습이었다. 진영은 삽시간에 불길에 휩싸였고, 일본군은 맞은편 골짜기에서 포위망을 좁혀 오면서 포탄 세례를 퍼부었다.

이범석 부대는 급히 막사 뒤편에 진지를 구축하고 응전 태세에 돌입했다.

바로 그때.

"저길 보십시오!"

부관이 그에게 망원경을 건넸다. 다들 대피한 마당에 여성 대원 한 명이 지휘부 사무실을 향해 달려가고 있었다. 그곳은 중요한 문건들이 있는 곳이었다. 죽음을 무릅쓰고 화염 속으로 돌진한 그녀는 그 문건들을 품에 안은 채 다시 나왔다.

용맹한 전투병들도 감히 엄두를 내지 못한 이 엄청난 일을 해낸 이 여성은 바로 마샤였다. 이때부터 그녀를 대하는 이범석의 태도가 조금씩 달라지기 시작했다.

얼마 후.

각 막사에 새로 만든 군복이 지급되었다.

"바지 모양이 달라지기라도 한 건가? 전보다 한결 입기 편하군. 피복창 주임에게 수고했다고 전하게."

군복을 갈아입은 이범석이 처음으로 그녀를 입에 올렸다. 부관에게 그 이야기를 전해 들은 마샤는 마음속에 숨겨 놓았던 진심 한 자락을 살짝 꺼내 보였다.

"사령관 동지 의복은 제가 직접 만들었답니다."

두 사람은 그렇게 한발 한발 서로를 향해 다가가고 있었다.

러시아어와 중국어에 능통한 마샤는 다방면에서 탁월한 재능을 나타냈다. 독립군에서 쓰는 무기와 훈련용 교재는 대부분 러시아와 중국에서 들여온 것들이었다. 그녀는 이런 교재들을 번역하여 교관들에게 나눠주었다. 내용을 잘 이해하지 못하는 이들에게는 직접 사용법을 시연해 보이기도 했다.

독립군 진영에서 마샤는 없어선 안될 존재였다. 크든 작든 그녀 또한 부대를 위해 도움이 되는 일이라면 먼저 발 벗고 나섰다. 러시아에서 나고 자란 탓에 한국말은 다소 서툴렀으나 그것은 전혀 문제가 되지 않았다. 시작은 사랑이 먼저였다고 해도 조국 독립은 그녀의 열망이기도 했다. 이범석은 누구보다 그것을 잘 알고 있었다.

1925년 8월, 영고탑 독립군 진영에서 두 사람은 조촐한 결혼식

을 올렸다. 청산리 전투의 주역 김좌진 장군과 조성환 장군이 후
견인으로 나서 동지에서 부부로 이어진 두 사람의 앞날을 축복
해 주었다.

쌍권총의 달인이 된 마사

부부가 독립운동을 하는 마당에 신혼의 단꿈을 즐길 여유 따위
는 기대할 수 없었다. 결혼식을 올리고 한 달도 채 못 되어 두 사람
은 하얼빈 중심가에서 멀지 않은 곳으로 거처를 옮겼다.

이 시기 조선총독부 경무국장 미쓰야는 항일운동을 무력화시키
기 위해 실질적인 만주의 지배자였던 중국 내 최대 군벌 장작림과
밀약을 체결했다. 바로 '미쓰야 협약'이다.

장작림이 만주에서 활동하는 독립군을 체포하여 일본 영사관에
넘기면 조선총독부가 거액의 보상금을 지급하되 그 상금의 일부
는 반드시 독립군 검거에 앞장선 관리에게 주도록 하고, 체포 시
저항하는 독립군은 즉결처분도 허용한다는 게 미쓰야 협약의 주
요 내용이다.

상금에 눈먼 자들이 독립군 사냥에 팔을 걷어붙이고 나선 결과
만주의 독립운동은 기세가 꺾일 수밖에 없었다. 심지어 조선에서
이주해 온 농민들까지 독립군으로 몰아 무고한 희생양은 점점 늘

어만 갔다.

이대로 있다가는 러시아에 이어 중국에서도 독립군의 씨가 마를 판국이었다. 이범석은 이에 대항하기 위해 73명의 고려혁명군 결사대를 조직했다. 하얼빈에 신접살림을 차린 것도 이곳을 거점으로 삼았기 때문이다.

국제도시 하얼빈은 소련을 탈출한 러시아인들이 가장 많이 모여 사는 곳이었다. 중국인으로 위장한 마샤는 그들과 접촉하여 무기를 사들였다. 적군파와 백군파가 모두 고려혁명군을 적으로 간주하는 상황에서 이것은 엄청난 위험이 따르는 일이었다.

마샤는 평소 말수가 적고 행동거지가 조심스러웠으나 임무를 수행할 때면 전혀 다른 사람이 되었다. 말년에 그녀가 병석에서 일어나지 못하는 모습을 보고 이범석은 탄식을 금치 못한 바 있다.

"말 타고 쌍권총 쏴 가며 만주를 누비던 사람이 저런 꼴이 되다니……!"

사랑은 그녀를 강하게 만들었으나 육신의 고통마저 줄여주진 못했다.

1928년 봄, 미국의 〈타임〉지는 중국 최고의 실권자로 풍옥상을 지목하며 표지에 그의 사진을 실었다. 장작림과 라이벌 관계에 있던 그는 청 황제 푸이를 추방하고 국민국 제1군사령관 겸 전군총사령관에 올라 만주로 진격하면서 김좌진 장군에게 협조를 요청

김좌진 장군

하는 밀서를 보냈다.

이 시기 만주와 북중국 일대는 장작림의 아들 장학량 부대가 장악하고 있었다. 장작림 부자는 일본군 못지않게 독립군을 위협하는 세력이었다. 풍옥상과 연대한 김좌진 장군의 밀명을 받은 고려혁명군은 장학량의 친위대 1개 분대를 격파시켰으나 얼마 지나지 않아 전세는 완전히 역전되었다. 그해 겨울, 국민군의 참패는 풍옥상의 실각으로 이어졌다.

고려혁명군은 최대의 위기를 맞았다. 일본 관동군과 중국 공산당의 지원을 받은 장작림 부대는 거액의 현상금까지 걸고 끈질긴 추격전을 벌였다. 결국 73명의 결사대원 중 66명이 희생되고 단 7명만이 살아남았다.

이범석은 남은 동지들과 함께 급히 산동성으로 퇴각하고 마샤는 일경에게 붙잡혀 6일 동안 혹독한 고문을 당했다.

"이범석과 김좌진이 있는 곳을 대면 살려주겠다."

어떤 회유의 말도 통하지 않았다. 그녀는 심장병을 얻을 정도로 극심한 고문을 당했으나 끝내 입을 다물었다.

일경에서 풀려난 마샤는 이범석의 애견 알프스와 함께 사흘 밤낮을 눈 덮인 산중을 걸어 남편을 찾아다녔다. 그러다 기적처럼 재회에 성공했다. 반가운 마음도 잠시 부부는 외몽골 지역으로 길고 험난한 도피길에 올랐다.

그녀는 이범석의 아내이기 전에 뼛속까지 뜻을 같이하는 동지였고 더할 나위 없이 유능한 참모였다. 고려혁명군의 해체를 두고 낙담하는 그에게 마샤는 한 가지 약속을 했다.

"동지들의 희생을 헛되지 않게 하기 위해서라도 우리가 힘을 냅시다. 나는 할 줄 아는 게 별로 없으나 당신의 목숨과 명예만큼은 지켜드릴 것입니다."

실제로 마샤는 이 약속을 지켰다.

어딜 가나 일본군과 백계 러시아인들의 추격을 피할 수가 없었다. 이범석의 목에 걸린 50만 냥이라는 막대한 현상금을 노리는 중국인들과 조선인 밀정들도 눈에 불을 켜고 그들을 찾아다녔다. 마샤는 항상 앞장서서 이범석을 호위했다. 맹수가 우글대는 산중에서나 황량한 벌판을 지날 때나 방해물이 나타나기 무섭게 그녀의 쌍권총은 불을 뿜었다. 산짐승을 잡아서 말린 육포는 기나긴 도피 생활에 유용한 양식이 되었다.

약 2년에 걸친 도피 생활 동안 그녀는 이범석의 재기를 돕기 위해 할 수 있는 모든 일을 했다. 가장 시급한 문제는 무기를 확보하는 것이었다. 천신만고 끝에 외몽골 산속 깊은 마을에 안착한 부부는 마적 떼로부터 양귀비밭을 지켜주는 대가로 아편을 받기로 했다. 동남아시아에서 아편을 비싸게 거래하던 시절, 조국 독립을 위해서라면 수단과 방법을 가질 여유가 없었다. 3주 동안 두 사람은 밤낮없이 이곳을 지켰다. 마샤는 산 위에서 망을 보고 있다가 마적들이 나타나면 말을 타고 종횡무진 벌판을 내달리며 쌍권총을 발사했다. 동시에 이범석의 기관단총이 불을 뿜기 시작하면 우악스러운 마적들도 감히 접근할 엄두를 내지 못했다.

목숨을 걸고 양귀비밭을 지켜준 대가로 받은 것은 아편 두 덩어리. 마샤는 떨 듯이 기뻐하며 그것을 품에 안았다.

"이걸 팔면 꽤 큰돈이 될 거예요!"

마을로 가려면 물살이 센 강을 건너야 했다. 어느 순간 마샤가 탄 말이 급류에 휩쓸리면서 거꾸러졌다. 이범석이 미처 손쓸 겨를도 없었다. 말과 함께 떠내려가는 아내를 가까스로 붙잡아 안았지만 그녀는 이미 실신한 상태였다.

"이 사람이!"

맥없이 축 늘어진 마샤를 안고 땅에 눕히려다 이범석은 눈이 휘둥그레졌다. 물에 빠져 정신을 잃은 와중에도 그녀는 죽을힘을 다해 아편 보따리를 끌어안고 있었던 것이다.

"죽는 마당에 이딴 게 뭐 그리 대단하다고 붙잡고 있었소?"

한참 만에 정신이 든 그녀를 애처롭게 바라보며 이범석이 물었다. 그러자 마샤는 당연하다는 투로 말했다.

"이건 우리 총 값이잖아요."

해방된 조국의 품에 잠들다

1930년 1월 24일, 김좌진 장군의 피살 소식에 국내외 조선인들은 충격에 사로잡혔다. 이 무렵 중국과 소련 간에 무력 충돌이 일어나 이범석은 김광누라는 가명으로 흑룡강성 남쪽 태래재에 은신해 있던 중이었다.

암살의 배후에 대해서는 소문과 추측만 무성할 뿐 대체 누가 왜 장군을 죽였는지 뚜렷하게 알려진 바가 없었다. 뒤늦게 비보를 접한 이범석은 제문을 지어 빈소로 보내고 몇날 며칠 통곡하였다.

이듬해 만주사변이 발발했다. 마침내 도피 생활을 끝내기로 마음먹은 이범석은 흑룡강성 최고 사령관 마점산의 참모로 들어가 항일 무력 투쟁을 재개했다.

'만주의 나폴레옹'이라 불리는 마점산과 청산리 전투의 영웅 이범석의 만남은 침체되어 있던 중국 내 독립운동에 새로운 활기를 불어넣었다. 마샤는 마점산 장군의 통역관으로 활동하며 사령부 내에서 남편의 입지가 확고해지도록 도왔다.

1932년 1월, 일본 관동군이 임시정부가 있는 상해를 침공했다. 한중연합군은 총력전을 펼쳤으나 밀리고 밀려 소련령 다후리아로 쫓겨 들어갔다. 이때까지 일제와 밀월 관계에 있던 소련군은 독립군 중국군 할 것 없이 전부 무장 해제시켜 시베리아행 열차에 태웠다.

전투 중에 대원들과 떨어진 마샤는 일본군의 공격으로 몇 번이나 죽을 고비를 넘긴 끝에 다후리아로 왔으나 부부가 함께 시베리아 톰스크감옥에 억류되는 신세가 되었다.

톰스크는 사방이 눈으로 뒤덮인 도시였다. 영하 40도의 강추위 속에서 굶주림에 시달리는 것보다 더 참담한 현실은 당장 이곳에서 풀려나도 돌아갈 조국이 없다는 것이었다. 그럴수록 마샤는 희망을 이야기했다.

"소련은 명분이 없어 우리를 오래 가둬 놓지 못할 거예요. 조만간 지난 얘기하면서 웃을 날이 있겠지요."

그녀의 말처럼 소련은 8개월 후 포로들을 모두 풀어 주었고 부부는 다시 중국 본토로 돌아갔다. 이후 이범석은 백범 김구와 상의하여 낙양에 육군중앙군관학교를 세우고 항일 투쟁을 재개했다. 마샤는 러시아어 교관으로 활동하며 독립군 양성에 힘을 보탰다.

우리는 흔히 말하는 스위트홈이나 육체적 관계를 위한 결혼은 아니었어. 그 사람은 내 동지요, 전우요, 충실한 부하요, 협력자였어. 포탄을 뚫고 들어가 남자들도 하기 어려운 일들을 척척 해냈지.

광복 후 초대 국무총리와 국방장관을 역임한 이범석은 한 주간지 기자와의 인터뷰에서 이렇게 말했다. 확실히 이범석과 마샤의

대한민국 초대 내각 첫 국무회의에 참석한 이범석

관계는 평범한 부부들과는 달랐다.

　마샤는 총리실 안주인이 된 후에도 옷가지를 팔아 김장값을 충당할 만큼 청빈한 삶을 살았다. 총리실 살림이 어렵다는 말을 듣고 어떻게든 한자리 차지해 보려는 욕심에 뇌물을 들고 오는 사람들도 꽤 있었다. 그러면 그녀는 남편에게 허락을 구할 것도 없이 문전에서 그들을 내치곤 했다. 덕분에 이범석은 정치적 행보를 둘러싼 비난은 있었을지언정 금전과 관련된 구설수는 없었다.

　1970년 2월, 오랜 지병인 심장판막증이 그녀를 덮쳤다. 독립운동 당시 일경에 체포되어 받은 혹독한 고문으로 생긴 병은 결국 그녀를 죽음에 이르게 했다. 마샤는 남편 이범석의 품에서 자는 듯이 숨을 거두었다.

그녀는 1968년에 대통령 표창, 1977년에 대한민국 건국포장, 1990년 대한민국 건국훈장 애국장에 각각 추서되었다.

이범석과 김마리아가
활동한 독립 단체

운남 육군강무당

청일 전쟁에서 패배한 청나라 정부는 신식 군대의 필요성을 절감하여 1899년 운남에 육군무비학당을 설립했다. 이 학교가 운남 육군강무당의 전신이다. 1909년에 설립되어 1935년까지 26년 동안 8,313명의 졸업생을 배출했다.

열다섯 살에 중국으로 간 이범석은 상해에서 한국 독립운동의 지도자인 신규식과 손중산의 연락책 역할을 했다. 당시 대한민국 임시정부는 한인 청년들을 독립군 인재로 양성하고자 중국 정부와 협상을 시도했다. 이때 이범석이 운남 육군강무당에 비밀리 입학했다.

그를 비롯해 운남 육군강무당을 졸업한 한국인은 50여 명으로, 이들은 만주 지역에서 독립군으로 활동하거나 독립운동 진영 내의 군사 조직에서 활동하다가 후에 광복군의 기간요원이 되었다.

고려혁명군

의병장 출신 김규식과 이범석 등이 1923년에 만주에서 조직한 독립운동 단체로, 북간도를 근거로 하여 항일 투쟁을 전개했던 의군부를 재편성한 항일 부대다. 고려혁명군 지휘부는 실전 경험을 살려 진보적인 이념과 방법으로 군사 전략 전술을 새롭게 재편했다.

구체적인 활동 방법으로는 민병제와 군인자치제, 한인 교포를 상대로 한 계몽 교육 등이 있다. 또한 병농일치제를 채택하여 표면으로는 선량한 농민으로 가장하여 항일 투쟁을 전개했다.

육군중앙군관학교

1940년대 초 한국광복군 제2지대에 활발한 모집 운동이 전개되었다. 이때 자원한 한인 청년들을 훈련시켰던 곳이 육군중앙군관학교다. 이범석 장군은 중국 육군중앙군관학교와 교섭하여 한국청년훈련반을 만들었다. 박영섭, 최철, 왕지성, 이운학, 박재화, 허봉석 등 많은 청년이 이곳에서 교육 훈련을 받았다.

지금도 병영 뒤편에는 당시 군관들의 숙소였던 10호가 남아 있으며, 당시 그 근처에서 조선 군인들이 생활했다고 한다.

서대문형무소
큰언니
어윤희

새벽닭이 우는 까닭

1919년 2월 28일, 중년의 보따리장수 여인이 개성 시내 곳곳을 돌아다녔다. 물건을 파는 게 목적은 아니었다. 주로 이야기를 건네는 대상은 교복을 입은 학생들이었다.

"이제 곧 조선의 역사가 바뀔 것이야."

여인은 의미심장한 말과 함께 글자가 빼곡하게 쓰여진 종이를 그들에게 나눠주었다. 백주대낮에 유인물을 받아든 학생들은 순간 당혹감을 감추지 못했다.

대한독립선언문.

민족 대표 33인 중 한 명인 정춘수 목사(훗날 친일파로 전향)의 이름이 거기에 적혀 있었다. 겁도 없이 위험한 유인물을 배포하는 이 여인은 얼마 전까지 정춘수가 담임 목사로 있었던 개성 북부교회 신도였다.

학생들은 그녀가 전해 준 독립선언문에서 또 한 명의 낯익은 이름을 발견했다. 경성 YMCA 종교위원으로 활동하며 민족혼을 일깨우는 강연을 통해 학생들 사이에서 널리 알려진 개성 출신 오화영 목사이다. 개성 북부교회로 독립선언문을 보내온 이가 바로 오 목사였다. 그가 교회 전도부원으로 활동하는 여동생을 통해 독립선언문을 보내온 것은 경성에서 거사를 일으키기 하루 전날 밤이었다.

대한독립선언문

오 목사가 보낸 선언문은 100장뿐이었다. 그나마도 선뜻 배포
하겠다고 나서는 사람이 없었다. 당시 개성은 다른 도시에 비해
항일 투쟁의 열기가 저조했다. 하루만 지나면 어렵사리 건너 온
독립선언문이 교회 지하실에서 빛도 못 본 채 불쏘시개가 될 판
국이었다.

모두가 꺼리는 일을 자청하고 나선 이는 사람들이 '어 부인'이
라 부르는 개성 성경학교 사감 어윤희였다. 당시 그녀의 나이 서
른아홉 살이었다.

그녀가 이 일을 알게 된 건 호수돈여학교 졸업생 권애라를 통
해서였다. 당시 교회 유치부 교사로 일하던 권애라는 지하실에 있
는 독립선언문의 존재를 그녀에게 알리고 답답함을 토로했다. 겨

드랑이 안쪽에 태극 문신을 새겨 넣을 정도로 뜨거운 열정을 지닌 권애라였다.

"저는 남자들이 못하면 우리 여자들끼리라도 일이 되도록 하는 게 옳다고 생각해요."

그녀는 개성 사람들에게 영향력을 끼칠 수 있는 누군가가 앞장서 준다면 여학생들의 동참을 이끌어 낼 거라 믿었다. 그 적임자란 다름 아닌 어윤희 전도사였다.

"독립선언문을 전할 수만 있다면 미리흠여학교와 호수돈여학교 후배들은 전도사님 말을 따를 겁니다."

권애라의 간곡한 요청에 어윤희는 자신이 그 일을 떠안기로 작심했다. 호수돈여학교 사감 신관빈, 시각장애인 전도사 심명철 등도 돕겠다고 나섰다. 하지만 전국적인 거사 일정에 맞추기에는 시간이 너무 촉박한 상황이었다.

곧 수백 장의 유인물이 등사되었다.

3월 3일 새벽, 이들은 개성 시내 집집마다 만세운동에 동참할 것을 호소하는 전단지와 독립선언문을 뿌리고 다녔다. 그리고 그날 오후 2시, 개성 시내는 태극기를 든 학생들의 물결로 넘쳐났다. 경성에서 독립선언문이 낭독된 것과 날짜는 달라도 시간은 같았다. 호수돈여학교와 미리흠여학교, 송도고보 학생들이 모두 거리로 뛰쳐나왔다.

어윤희는 교회 여성 신도들과 청년들을 이끌고 "대한독립만세!"를 외치며 개성 남문에서 선죽교를 지나 시내 중심부를 향했다. 지나가던 시민들이 뒤따르기 시작했다. 한쪽에서는 권애라를 중심으로 한 호수돈여학교 학생들이, 또 다른 한쪽에서는 심명철이 이끄는 미리흠여학교 학생들이 목이 터져라 만세를 외쳤다.

행렬은 어느덧 1,000여 명으로 불어났다. 그들은 누가 먼저랄 것도 없이 경찰서를 향해 돌진했다. 유리창이 깨지고 건물이 들썩거렸다. 기세에 눌린 일본 헌병대는 말 위에 앉은 채 시위대를 향해 총을 쏘아대기 시작했다. 군중들은 사방으로 흩어졌다.

"내 눈이 멀었다고 정신까지 소경인 줄 아느냐! 내 나라 잘되라고 만세 부르는 것도 죄란 말이냐!"

심명철은 피를 토하며 헌병대에 끌려갔다.

뒤늦게 이야기를 듣고 분노한 군중들은 일본인 밀집촌으로 쳐들어가 집 앞에 걸린 일장기를 모조리 찢어발겼다.

오화영 목사가 '개성에는 일할 사람이 별로 없다'고 한 것은 순전히 오산이었다. 개성에는 일할 사람이 없는 게 아니다. 다만 찾지 못한 것뿐이었다. 어윤희는 사그라드는 독립의 불씨에 뜨거운 입김을 불어넣어 도시를 온통 태극기와 만세의 함성으로 가득 차게 만들었다. 박용옥은《한국독립운동의 역사》를 통해 그녀의 역할을 다음과 같이 평한다.

만세운동도 못하는 부끄러운 도시가 될 뻔했던 개성은 어윤희에 의해 겨우 체면을 살릴 수 있게 됐다.

그날 어윤희, 권애라, 신관빈은 일본 경찰(이하 일경)에 체포되었다.

"당신들이 내 몸은 묶어 갈지라도 내 혼을 묶지 못할 것이오."

포승에 묶여 끌려가면서 어윤희가 일경을 돌아보았다. 눈빛에 싸늘한 서기瑞氣가 서렸다. 위협적으로 자신을 심문하는 형사들 앞에서도 그녀는 시종일관 당당함을 잃지 않았다.

"분명 네 뒤에 배후가 있을 것이다. 누구냐?"

여자의 몸으로 대담한 일을 벌일 수 없다고 판단한 형사의 다그침에 그녀는 가소롭다는 투로 이렇게 받아쳤다.

"새벽닭이 누가 시켜서 웁디까? 때가 되었으니 우는 것이지."

일제는 어윤희에게 징역 2년 형을 선고하여 서대문형무소에 가두었다. 하지만 그녀의 만세운동은 여기서 끝이 아니었다.

어윤희와 유관순, 그리고 8호 감방 식구들

||||||||||||||||||||||||||||||||||||||||||||||||||||||||||||||||||||||||||||||||||||||||||||||||||||||||||||||||||||||||||||||||||||||||||||||||||||||||||||||||

어윤희는 1880년 6월 30일 충북 충주에서 태어났다. 일제에 항거하여 싸우다 전사한 남편의 민족혼을 이어받아 기미년 독립운동에 선봉으로 나서서 용감히 투쟁하다 마침내 잡히어 순국 처

서대문형무소

녀 유관순과 같이 수년 간 옥고를 겪었고……

서강 감리교회 마당에 세워진 어윤희의 비문은 그녀가 유관순과 같은 시기에 옥고를 치렀음을 말해 주고 있다.

3.1 만세운동 당시 그녀는 서른아홉, 유관순은 열여섯의 앳된 소녀였다. 당시 유관순의 행적에 대해서는 널리 알려져 있으나 어윤희에 대해서는 알려진 사실이 많지 않다.

그 사이 어윤희에게는 무슨 일이 있었던 걸까?

어려서 어머니를 여의고 홀아버지 밑에서 자란 어윤희는 열여섯 살에 혼인을 하였으나 석 달도 채 못 되어 친정으로 돌아가야 했다. 남편이 동학농민전쟁에 참여했다가 전사했기 때문이었다.

이후 아버지마저 세상을 떠나자 해주, 평산 등지를 전전하던 그녀는 개성 미리흠여학교와 호수돈여학교를 졸업한 뒤 외딴 섬에서 전도사로 활동하면서 우연한 기회에 애국계몽사상에 눈을 떴다. 호수돈여학교를 졸업했을 때 그녀의 나이 서른다섯, 정춘수 목사와의 만남으로 그녀는 독립운동에 뛰어들었다.

일제는 개성에서의 만세운동이 여학생들을 중심으로 이루어졌다는 사실에 의구심을 나타냈다.

"누가 시켰는지 말하면 당장 내보내 주겠다."

악질 형사들은 배후 조종자를 찾아낸답시고 여학생들을 발가벗겨 기절하도록 매질을 했다. 깨어나면 거울에 당사자의 몸을 비춰가며 고양이처럼 기어가게 하고, 물고문과 불고문을 번갈아 하기도 했다.

경성으로 압송된 어윤희는 경성지방법원 검사국 취조실로 끌려갔다. 옆방에서 여학생들의 비명이 들려왔다. 어린 소녀들을 정신적, 육체적으로 유린하는 고문 기술자의 추악한 언행이 고스란히 그녀에게 전해졌다.

"말해라."

검사가 서류를 내리쳤다. 초장부터 겁주려는 수작이었지만 움츠러들 그녀가 아니었다.

독립선언문의 출처를 대라며 눈을 부라려도 태연한 그녀의 모습에 약이 바짝 오른 검사가 수사관에게 소리쳤다.

어윤희

"이년 옷부터 벗겨 놔."

"예!"

그보다 먼저 어윤희가 검사 앞으로 바짝 다가섰다.

"발가벗은 내 몸뚱이가 그렇게 보고 싶소? 자, 실컷 보시오. 당신 어머니나 당신 부인도 이 몸뚱이와 별반 다를 게 없을 거요."

그러고는 자기 손으로 옷을 훌훌 벗어버렸다. 그것은 준열한 훈계요, 저주였다.

'하늘이 너희로 하여금 뿌린 대로 거두게 하리라.'

그녀의 눈에서 불꽃이 뚝뚝 떨어졌다. 검사는 차마 그녀를 똑바로 쳐다보지도 못한 채 수사관을 향해 뇌까렸다.

"옷 입혀 데리고 나가."

재판부는 어윤희를 징역 2년에 처했다. 전국 각지에서 3.1 만세운동을 주도한 여성들이 그녀와 같은 서대문형무소 8호 방에 수감되었다.

8호 방 식구들은 살아온 내력도 다양했다. 권애라, 신관빈, 심명철은 어윤희와 함께 개성 만세운동을 이끌었고, 수원 기생만세운동의 선봉에 섰던 김향화는 권애라와 동갑내기였다. 파주 만세운동의 주역 임명애는 구세군 사령과 결혼한 유부녀로, 생후 1개월 된 아이와 함께 징역을 살았다. 동료들 가운데 가장 나이가 많은 어윤희는 자연스레 감방장이 되어 큰언니 역할을 했다.

감옥의 겨울은 지독하게 추웠고 여름은 못 견디게 더웠다. 잡곡을 버무린 주먹밥 한 덩이, 소금물에 시든 배춧잎을 둥둥 띄운 국, 장아찌 두어 쪽이 한끼 식사의 전부였다. 그마저도 늘 양이 모자랐다.

어윤희는 매주 금요일마다 금식을 핑계로 산모와 아이에게 식사를 양보하곤 했다.

"큰언니만 착한 일하게 놔두고 우린 지옥 가라고?"

다른 동료들도 임명애를 위해 십시일반 자기 몫의 음식을 덜어 주었다. 나이와 처지는 달라도 그녀들은 서로를 보듬어가며 하루하루를 견뎌냈다.

얼마 지나자 이화학당 출신으로 천안 아우내 장터에서 만세운동을 이끌었던 유관순이 이곳으로 이감되었다.

"악독한 놈들이 얼마나 모질게 굴었으면……."

유관순은 감방에 들어올 때부터 도저히 살아 있는 사람의 형상이라고 볼 수 없을 정도로 처참한 몰골을 하고 있었다.

"아무 생각 말고 한숨 푹 자렴."

무슨 말이 필요하겠는가. 어윤희는 그녀를 안쪽에 눕히고 가만히 한숨을 몰아쉬었다.

"개자식들!"

다들 침울해하는 가운데 이화학당 출신 권애라가 벌떡 일어나 앉아 수원 기생 김향화에게 배운 〈평양수심가〉를 읊조리기 시작했다.

세월아 네월아 가지를 마라,
우리 청춘남녀가 다 녹는구나.
아니노지는 못할이로구나.
생각사록 기맥혀 못 살겠네.

권애라는 서양 가곡도 곧잘 불렀지만 〈평양수심가〉를 부를 때면 낭창낭창한 음색이 듣는 사람의 애간장을 녹였다.

"애라 너는 전문학교까지 나왔다면서 기생 뺨치는구나야!"

김향화의 짓궂은 농담에 옆방에서도 까르륵 웃음소리가 터져 나왔다. 바로 옆방에는 이화학당 교사 박인덕, 정신여학교 학생 이아주가 수감되어 있었다.

옥중에서 만세를 부르다

"우리가 여기 갇혀 있다고 해서 국으로 세월만 보낼 순 없지 않 겠니?"

해가 바뀌어 1920년 3월 1일이 다가오고 있었다. 어윤희가 의미 심장한 눈빛으로 동료들을 돌아보았다. 만세운동 1주년 기념 옥중 만세를 부르자는 제안이었다.

"저놈들에게 내가 아직 살아 있다는 걸 보여주고 싶어요."

감방 한구석에 힘없이 앉아 있던 유관순이 엷은 미소를 띠었 다. 8호 방 막내인 그녀는 며칠 전에도 혼자 만세를 부르다 징벌 방에 갇혔다.

"헌병이 총검으로 찌르고 때리고 머리에선 피가 철철 흐르고, 나는 정신이 하나도 없는데 어머니 아버지가 통곡하는 소리가 들 렸어요. 헌병한테 끌려가는 저를 따라오면서 부모님은 계속 만세 를 불렀어요. 아마도 제가 죽는 줄 아셨을 거예요. 그런데 저는 살 고 부모님만 놈들 총에 맞아 돌아가셨죠."

유관순은 부모님 이야기를 하면서 하염없이 눈물을 흘렸다. 그 녀는 법정에서도 감옥에서도 목이 터져라 만세를 불렀다. 일제는 미성년자임을 감안하여 순순히 잘못을 인정하면 선처해 주겠노라 고 했지만 그녀는 단호히 이를 거부했다.

어떨 때는 자다가도 벌떡 일어나 만세를 불렀다. 그럴 때마다 간수들은 그녀를 독방에 가두고 며칠씩 밥을 굶기고 끔찍한 고문을 가했다. 그러나 유관순은 만세를 멈추지 않았다. 자기 때문에 억울하게 돌아가신 부모님에 대한 자책이 그 어떤 가혹한 고문보다도 그녀를 괴롭히고 있었다.

어윤희는 유관순이 만세 소동을 벌일 때마다 간수들에게 불려가 곤욕을 치렀다. 간수들은 감방장인 그녀가 단속을 제대로 못했다는 이유로 무릎을 꿇리고 욕을 퍼부었다. 그럼에도 유관순을 대하는 그녀의 눈빛은 늘상 아프고 애처롭기만 했다.

"먹고 기운을 내야 만세도 힘차게 부르지."

급식이 들어오자 유관순에게 음식을 밀어주었다. 이걸 보고 동료들이 의아한 눈빛을 보냈다.

"오늘은 금요일도 아닌데?"

"기도를 금요일만 하란 법 있니?"

"그럽시다! 까짓것 이래 맞으나 저래 맞으나 저 원수 같은 놈들한테 매 맞는 건 매한가지인데 국으로 있을 순 없지. 관순아, 어서 먹고 힘내! 다들 큰언니 말 잘 들었지?"

유관순의 이화학당 선배 권애라가 동료들을 돌아보았다.

"나도 찬성."

"나도!"

"할 거면 우리 제대로 해요, 큰언니!"

8호 방 식구들은 옆방에도 이 사실을 알렸다. 다소 괄괄하고 직선적인 성격의 권애라는 종종 형무소가 떠나가라 노래를 불렀다. 갇혀 있으면서 쌓인 울분이 치밀어 오르는 까닭이다.

그런 날은 어김없이 간수들의 보복이 가해졌다. 권애라는 징벌 방에 갇히고, 어윤희는 지은 죄도 없이 무릎을 꿇어야 했다.

> 발가벗길 때 피눈물 나더라만
> 콩밥 받으니 올 웃음써 게 있네

권애라가 직접 가사를 지어 만든 노래는 서대문형무소에서 모르는 사람이 없었다. 그녀의 노래는 일제를 향한 조롱이며 쓰디쓴 풍자였다.

옥중만세 투쟁 계획은 옆방에서 옆방으로 전해졌다. 거사 총책은 8호 감방장 어윤희, 모두들 일사불란하게 움직이며 통쾌한 일전을 준비하는 동안 서대문형무소 안에는 전에 없이 활기가 돌았다.

1920년 3월 1일 오후 1시.

탁, 타탁, 탁.

8호 방에서 벽을 두드려 신호를 보내자 일반 죄수들까지 합쳐서 3,000명이 넘는 수감자들이 일제히 '대한독립만세!'를 외쳤다.

이 일로 서대문형무소가 발칵 뒤집혔다. 수감자들이 줄줄이 끌려 나가 치도곤을 당했다. 대부분 며칠을 앓아누울 만큼 만신창이가 되었다. 하지만 그렇다고 누구 하나 그날의 거사를 후회하진 않았다. 오히려 묵은 한을 쏟아낸 듯 후련하다고들 했다.

유관순은 징벌방에서 풀려난 뒤에도 줄기차게 만세를 불렀다. 간수들은 며칠이고 그녀를 지하 독방에 가둔 채 무자비한 고문을 가했고 끝내 유관순은 차디찬 지하 감방에서 숨이 끊어졌다.

출소를 3개월 앞둔 날이었다.

끌 수 없는 불꽃

옥사한 유관순을 제외한 8호 감방 식구들은 대부분 어윤희보다 먼저 서대문형무소를 나갔다. 드디어 형기를 마치고 출소한 어윤희. 그녀는 감리회 여선교회 전국연합회 부회장에 추대되어 적극적으로 항일운동에 뛰어들었다.

개성 3.1 만세운동의 성공은 어윤희라는 이름을 상해 임시정부에 각인시키는 단초가 되었다. 그로 인해 해외에서 국내로 숨어든 독립투사들이 종종 그녀를 찾아와 도움을 청했다. 어윤희는 성격이 시원시원하고 거침이 없었다. 집에 독립군이 은신해 있어도 눈하나 깜짝 않고 일경을 따돌릴 만큼 배짱도 두둑했다.

어느 날 만주에서 세 명의 청년이 찾아왔다. 그들은 개성경찰서 폭파 임무를 맡고 국경을 넘어온 독립군들이었다. 하필 일경의 촉수가 온통 어윤희의 집을 향해 있을 때였다.

그녀는 후일을 도모하도록 권하고 그들을 석 달 동안 골방에 숨어 지내게 했다. 육혈포와 폭약은 살림살이와 섞어 감쪽같이 일경의 눈을 속였다.

몇 차례 가택 수색을 했으나 번번이 허탕을 치고 돌아간 일경이 집으로 들이닥친 건 그들이 개성을 떠나고도 한참 지난 뒤였다. 세 명 중 한 청년이 그녀의 집에서 숨어 지내던 이야기를 자랑삼아 흘렸는데 공교롭게도 일경의 귀에 들어간 것이었다.

일경은 범인 은닉죄로 어윤희를 체포했다. 그런데 그녀는 자신을 유치장에 가두려는 경찰을 뿌리치며 서장 면담을 요구하고 나섰다.

"철없는 젊은이들이 경찰서를 습격하네 어쩌네 저희들끼리 찧고 까부르는 것을 막았으면 상을 주진 못할망정 구속이 말이나 되는 소리요?"

모의는 했으되 실행에 옮기지도 않았고 구체적인 계획을 가졌다고 볼 만한 정황도 없으니 범인 은닉죄는 애초부터 성립되지 않는다는 주장이었다. 이미 이때는 무기를 처분한 뒤였다. 말 그대로 심증은 있으나 물증이 없는 상황.

서장은 그녀와 청년들을 석방하는 수밖에 없었다.

형사들 입장에서 그녀는 요시찰인물에다 골칫덩어리였다. 1929년 광주 학생항일운동 당시 만세운동에 참여했던 호수돈여학교 학생들이 무더기로 정학을 당하고 기숙사에서 쫓겨난 일이 있었다.

어윤희는 이른바 '불령선인'의 기질이 농후한 그 학생들을 집으로 데려와 당당하게 보살폈다. 그 배짱 앞에 일경도 혀를 내두를 지경이었다.

"어 부인 수단이 하도 좋아서 매번 범인을 눈앞에 두고도 잡지 못한 벌로 계급장이 다 떨어져나갈 판입니다."

조선인 형사는 대놓고 불평을 했다. 그러자 그녀는 대번 이렇게 쏘아붙였다.

"그 사람들 잡아 바치고 상을 탔더라면 좋을 뻔했는데 그랬구려. 계급장만 떨어져 나간 걸 영광으로 아시오."

일경의 감시가 아무리 지독해도 그녀는 자신이 해야 할 일을 하고야 말았다. 독립운동가들에게 자금을 지원하고 그들이 맡겨 둔 무기를 보관했다가 전달하는 일에는 한 치의 실수도 없었다.

캐나다의 의료선교사 프랭크 윌리엄 스코필드 박사는 옥중만세 운동에 깊은 인상을 받아 8호 방을 자주 찾아 그녀들을 위로했고 어윤희와는 의남매를 맺었다. 그는 서대문형무소의 열악한 환경을 외부에 고발한 장본인이기도 하다.

스코필드 박사는 오랜 세월 지켜본 어윤희의 열정적인 삶을 '끌수 없는 불꽃Unquenchable Fire'이라 표현했다. 나이가 들어 독립운동 일선에서 물러난 후에도 그녀의 가슴속에는 누구도 끌 수 없는 불꽃이 타오르고 있었다.

쉰 살에 유린보육원을 세운 그녀는 죽는 날까지 고아들을 돌보

유린보육원 아이들과 어윤희

며 여생을 보냈다. 정부는 1953년 나이팅게일기장, 1959년 인권 옹호공로표창을 수여했으나 독립운동에 헌신한 공적을 인정하는 데는 인색한 모습을 보였다.

1961년 11월 18일, 평생 독신으로 살았던 그녀는 보육원으로 돌아가는 자동차 안에서 눈을 감았다. 스코필드 박사를 만나 지난 얘기를 나누고 돌아오는 길이었다.

자신의 운명을 예감했던 것일까? 교회 헌금으로 2만 환, 장례비로 4만 환을 따로 넣어 둔 주머니가 수의와 함께 장롱 안에서 발견되었다. 시신을 화장하여 한강에 뿌려 달라는 유서에는 뱃삯을 넉넉히 주라는 당부가 곁들여졌다. 장례비가 부족하면 보태 쓰라고 금반지 세 개, 관 치수까지 꼼꼼히 적은 메모에 눈시울을 붉히지 않는 사람이 없었다.

어윤희의 건국훈장 애족장이 추서된 것은 1995년의 일이다. 항일 독립운동에 헌신한 그녀의 공적이 가려진 것을 안타깝게 여긴 사람들의 꾸준한 서훈 신청이 받아들여진 결과다. 그보다 일찍인 1990년에는 임정애, 권애라, 심명철이 건국훈장 애국장에 추서되었다. 김향화는 2009년 대통령 표창에, 신관빈은 2011년 건국훈장 애족장에 추서되었다. 1962년 당시 최하위 등급인 건국훈장 독립장에 추서된 유관순은 2019년 서훈 등급을 조정하여 1등급인 건국훈장 대한민국장에 추서되었다.

이로써 8호 방 식구 7명은 국가로부터 공을 인정받았다. 그러나 서대문형무소가 아닌 또 다른 8호 방에서 끝내 살아나오지 못한 여성 독립운동가들이 얼마나 되는지는 정확한 통계조차 나와 있지 않다.

사람이 세상에 나서 나라가 없고 보면 짐승만도 못합니다. 개도 죽으면 임자가 와서 개 값을 받으러 오는데, 나라 없는 백성은 이 사람 저 사람이 때려죽여도 '왜 죽였냐'는 말 한마디 없습니다.

1961년 중앙여학교에서 열린 3.1 만세운동 기념 강연에서 어윤희가 했던 말이다. 아마도 그녀는 조국이 부르지 않아도 스스로 떨쳐 일어나 이름 없이 산화한 영령들의 목소리를 대변하고 싶었던 듯하다. 이제 조국이 그들을 불러내 줘야 할 때다.

해외 선교회가 지원한
한국의 초기 여성 교육기관

호수돈여학교

1904년 개성에 온 미국 남감리회 여선교사 와그너E. Wagner와 캐롤 A. Carrol이 주일학교를 열어 여자아이 12명을 교육시킨 것이 호수돈 여학교의 시초이다. 처음에는 '개성여학교'라고 불렀으나 1906년 후원자의 이름을 따서 '두을라 학당杜乙羅 學堂, The Tallulah Institute'으로 개칭했다. 1908년 건물을 새로 지었으며, 1909년 스탠리 사가 후원하면

호수돈여학교

서 '호수돈(스탤리 사가 있던 홀스톤Holston의 한국식 표기)'이라는 학교명을 사용하게 되었다.

일제시대에는 지역에서 3.1 만세운동을 주도하여 박해를 받았고 선교사들이 추방되면서 '명덕여학교'로 불렸다. 해방 후 개성에서 대전으로 옮겨 1954년 호수돈여자중학교와 호수돈여자고등학교로 분리되었다.

미리흠여학교

1904년 호수돈여자고등보통학교의 부속으로 설립한 기예과 여학교로, 과부나 기생, 기혼 여성들을 위한 교육기관이었다. 미리흠여학교에는 주로 나이 많은 여성, 불우한 환경에 처한 학생들이 교육을 받았다.

이화학당

미국 북감리회 해외 여성선교회에서 파견된 메리 F. 스크랜튼Mary F. Scranton이 1886년에 설립한 한국 최초의 사립 여성 교육기관이다. 스크랜튼 여사가 서울 정동의 자택(황학방)에서 한 명의 학생을 가르친 것이 이화학당의 시초이다. 1887년 2월, 고종 황제가 한국 최초의 여성 교육기관 출범을 기념하기 위해 '이화학당'이라는 명칭을 하사했다.

근대화와 개화의 싹이 움트기 시작했던 19세기 말, 봉건적 틀에 갇혀 살

던 여성을 사회로 이끌었
던 이화학당은 다수의 여
성독립운동가들을 배출
해냈다.

이화학당

감리회 여선교회 전국연합회

미국 북감리회는 1885년 메리 스크랜튼을 한국으로 파견해 여성
들을 위한 집회를 열었다. 여성 세례 교인이 증가하면서는 한국 최초
로 여성 교회를 조직했다. 한국 개신교 최초의 여성 단체인 조이스회
Joyce Chapter와 보호여회Ladies Aid Society는 청년 중심의 계몽운동과 장년
층 중심의 구제와 전도 사업에 집중했다.

미국 북감리회보다 10년 늦게 한국 선교에 착수한 남감리회는
1905년 개성에서 처음으로 교회 여성 조직을 만들었다. 이 조직은 한
국 여성들의 자발적이고 주체적인 선교운동의 구심점이 되었으며,
3.1 만세운동 이후 지방에 흩어져 있던 교회 여성 조직들을 체계화하
여 1920년 전국 단위의 '여선교대회'를 조직했다.

1931년 6월 3일, 남북감리회는 '기독교조선감리회 여선교회'로 통
합 조직되었다.

2부

후방의

애국혼

말과 글로서
민족혼을 일깨운
조애실

너무 늦게 온 그날

1942년 4월, 함흥 영생여자고등보통학교 학생 박영옥과 친구들이 기차에서 조선어로 낮게 속삭이며 수다를 떨고 있었다. 소위 내선일체를 표방하며 부분적으로 시행하던 조선어 교육마저 폐지시키고 모든 민족적인 문화 활동을 금지시켰던 일제의 민족 말살 정책이 막바지에 달할 무렵이었다.

뒷줄에 사복을 입은 고등계 형사들의 매서운 눈초리가 여학생들을 향했다. 조선인 형사가 한 명, 상급자는 일본인이다.

"얘들아, 이게 뭔지 아니?"

한 여학생이 손가락으로 물결무늬를 그렸다. 허공에다 손가락을 연달아 움직여 물결무늬를 크게 에워싸더니 네 귀퉁이에 줄을 긋기 시작했다. 박영옥이었다.

"잘 봐. 이게 우리나라 국기야."

말이 끝나기 무섭게 사복 경찰 한 명이 주위를 힐끗 돌아보고는 작심한 듯 박영옥의 머리채를 낚아챘다. 조선인 형사였다.

박영옥은 경찰서에 끌려가 며칠 동안 조사를 받고 풀려났다. 그러고는 한동안 잠잠한 듯했다. 조선어학회 회원들이 주축이 된 조선어사전편찬회가 《큰사전》을 인쇄하기 시작한 게 이 무렵이다.

그로부터 5개월 뒤인 9월 5일, 등교 시간에 맞춰 교문을 들어서던 교사 정태진이 학생들이 보는 앞에서 일경에 체포되었다.

10월 1일에는 최현배, 장지영, 이극로, 이중화, 한징, 이희승, 이윤재, 정인승, 김윤경, 권승욱, 이석린 등 조선어학회 핵심 인물 11명이 검거되었다.

이것은 일제의 치밀한 계략이었다. 그들은 박영옥을 취조하는 과정에서 그녀가 조선어학회의 사전편찬위원인 정태진의 제자라는 사실을 알게 되었고, 이를 빌미로 수사의 표적은 일제가 눈엣가시로 여기던 조선어학회를 향했다. 조선어학회를 불온 단체로 규정한 일제는 정태진을 고문한 끝에 거짓 자백을 받아내는 데 성공했다. 그 결과 조선어학회는 독립운동을 목적으로 결성된 단체로 낙인찍혀 강제 해산당했다.

이듬해 4월 1일까지 조선어학회 회원들은 줄줄이 홍원경찰서로 압송되어 치안유지법 위반과 내란죄로 기소되었고, 징역 2~6년의 실형을 선고받았다. 다행히 몇 달 후 해방을 맞았으나 안타깝게도 한징, 이윤재는 해방을 눈앞에 두고 감옥에서 사망했다. 이것이 '조선어학회 사건'의 전말이다.

조애실은 아오지 탄광 광부들에게 한글을 가르친 죄로 고난의 가시밭길에 올라야 했다. 일제의 잔혹한 고문 후유증으로 평생을 병마와 싸워야 했던 그녀는 차라리 죽기를 기도할 만큼 고통에 시달렸다.

다음은 그녀가 시로 토해 낸 절규의 한 대목이다.

이 한 알의 약에다 당신의

피 묻은 자비의 손 얹으사

효험을 주옵소서

시인을 꿈꾸던 그녀는 해방을 3일 앞둔 날까지 끔찍한 악몽의 세월을 겪었다.

1945년 그날이 오기까지 그녀에게 무슨 일이 있었던 것일까?

만세둥이 조애실과 그 어머니의 독립운동

1998년 1월 8일 자 일간신문에 '일제시대 한글 보급과 민족의식 고취에 힘쓴 애국지사'라는 제목으로 시인 조애실의 부고가 실렸다.

생전 두 권의 시집과 한 권의 수상집 외에도 수많은 산문을 남기고 77년을 살다 간 그녀는 1920년 함경북도 길주군에서 태어났다.

조애실이 독립운동에 뛰어든 것은 외가의 영향이 컸다. 구한말 조정에 몸담았던 외할아버지는 이완용 일파를 비난하는 상소를 올렸으나 오히려 역적으로 몰려 강화도로 귀양을 갔다. 그럼에도 이완용의 사주를 받은 일경이 남은 가족들마저 핍박하자 외할머니는 하나뿐인 딸 김영순과 노비 둘을 데리고 함경도 길주로 피난

을 떠났다. 그때 챙겨 온 현금
과 패물, 비단으로 외할머니
는 집과 전답을 마련했고, 그
곳에서 농사를 크게 일궈 재
산도 꽤 많이 모았다.

1919년 3월, 길주에서도
만세운동이 일어났다. 당시
이 지역 만세운동의 선봉에
섰던 열일곱 살의 소녀가 바
로 어머니의 손에 이끌려 길
주로 이주한 김영순이었다.

조애실 어머니 김영순

그 당시 김영순의 꿈은 블라디보스토크로 가서 신학문을 익히
는 것이었다. 하지만 그녀의 어머니는 여자의 몸으로 외국에 가는
것을 절대 허락하지 않았다. 낙심한 김영순은 교회 청년회 회원들
과 민족주의 사상을 토론하며 의분에 찬 나날을 보내다 3.1 만세
운동 소식을 듣게 되었고, 스스로 앞으로 나아갔다.

일경은 붉은 물감을 풀어 군중들에게 마구 뿌렸다. 시위 참가자
를 식별하기 위해서였다. 그러고는 마을 전체를 수색하여 어느 집
에서든 붉은 물감이 번진 옷을 발견하면 이유를 묻지도 않고 사
람들을 잡아갔다.

김영순은 권총을 발사하며 뒤쫓는 일본 헌병을 겨우 피해 어

느 여관 마당으로 뛰어들어갔다. 급한 대로 붉은 물감이 묻은 저고리를 뒤집어 입고, 마구간에 묶여 있던 말을 잡아타고 산 너머 이웃 마을로 도망쳤다. 하지만 그녀의 행색에 겁을 먹은 친척들조차 자신들에게 화가 미칠까 두려워 그녀를 집 안에 발도 못 붙이게 했다.

김영순의 어머니는 며칠이 지나도 딸이 돌아오지 않자 마을에 방을 붙였다.

> 딸 김영순을 찾아 주는 사람이 총각일 경우 지체 고하에 상관없이 혼인을 시킬 것이요, 유부남일 경우는 재산의 절반을 내놓을 것이다.

이때 인근 야산에서 빈사 상태로 쓰러져 있던 김영순을 업고 나타난 이가 여관집 장남이다. 김영순은 어머니가 약속한 대로 여관집 장남과 결혼했다. 그리고 이듬해 겨울, 조애실이 태어났다.

억지결혼으로 태어난 '만세동이' 조애실의 어린 시절은 무척 불우했다. 그녀의 아버지는 외할머니가 어렵사리 일군 재산을 모두 가로채 수시로 첩 살림을 차렸다. 나중에는 외할머니를 집에서 내쫓아 버리기까지 했다. 집에는 처자식 먹을 양식만 한 달에 한 번 배급 주듯 던져줄 뿐이었다.

조애실은 어릴 때부터 책 읽기를 좋아했다. 글솜씨도 뛰어나 함경북도 아동 문예백일장에서 최우수상을 받기도 했다.

훗날 그녀는 자신의 수상집을 통해 '이때부터 글줄이나 써야 할 의무 아닌 의무의 문이 열린 것 같다'고 썼다. 어머니를 닮아 열정적인 기질을 지닌 그녀는 주로 조선 역사책을 즐겨 읽었다. 일찍이 민족의식에 눈을 뜨게 된 건 이때의 독서가 중요한 영향을 미쳤다.

1940년 3월, 아오지행 열차에서 내린 수백 명의 이주민들과 우연히 마주친 스무 살 처녀 조애실은 분노와 충격에 휩싸였다. 완장을 찬 조선인이 어른이고 아이고 발에 걸리는 대로 걷어차면서 차마 입에 담지도 못할 욕설을 퍼부었기 때문이다. 전라도, 충청도, 경상도 등지에서 온 이주민들은 출신지별로 녹색, 청색, 연두색 헝겊을 팔에 두르고 있었다. 대부분 '잘 먹고 잘살게 해 주겠다'는 일제의 속임수에 휘말렸거나 징용에 끌려가는 것보다는 낫다고 생각해 이곳으로 온 사람들이다.

그들은 자신의 이름 석 자도 쓸 줄 몰랐다. 외투 하나 변변히 갖추지 못한 사람들이 이불 보따리 하나 달랑 짊어지고 춥기로 유명한 함경도 산길을 꾸역꾸역 걸어가고 있었다. 조애실은 무엇에 이끌리듯 그들을 따라갔다. 수십 리를 걸어가는 동안 이주민들은 찬밥 한 덩이도 제대로 못 얻어먹었다.

탄광 숙소에 도착해서도 완장 찬 사내들은 저희끼리만 밥을 먹었다. 배고픔을 호소하는 이주민들에게는 삽자루를 휘둘렀다. 그럼에도 누구 하나 반발하는 사람이 없었다. 가난하고 무지한 이

주민들은 하나같이 무기력했다. 부당한 일을 당하고도 따질 줄을 몰랐다.

조애실은 스스로 탄광 지역으로 들어가 야학을 일으켰다. 힘없는 이주민들이 억울한 일을 당하지 않도록 글이라도 가르치려는 마음에서 시작한 야학이었다. 그러나 청춘의 결기는 그녀의 꽃다운 20대를 시련의 불구덩이 속으로 몰아넣었다.

조애실은 아오지 탄광 이주민들에게 금지된 문자와 역사를 가르쳐 반일 감정을 부추겼다는 혐의로 한 번, 이후 경성으로 올라와 동대문교회 독서클럽을 주도하며 청년들을 선동했다는 혐의로 또 한 번 일경에 체포되어 고초를 당했다.

1944년 4월 26일 자 조선총독부 명의로 된 재판 기록을 중심으로 일련의 과정들을 되짚어보기로 하자.

한 광부의 아내가 일본인 감독관에게 모욕당하는 광경을 조애실이 목격한 것이 아오지 탄광 사건의 시초다. 언어가 통하지 않는 사람들끼리 사소한 의사소통의 문제가 있었을 뿐인데 감독관이 광부의 아내를 죄인 다루듯 하자 분노한 조애실은 탄광 사람들을 계몽시키기로 마음먹었다.

재판부는 조애실이 '조선을 독립시키는 길 외에는 달리 방도가 없다고 망신_{妄信}하고 조선을 제국 통치권의 지배에서 이탈시켜 독립 국가를 달성할 결심으로 그 목적 달성을 위하여' 광부의 아내를 포섭하고 조선의 문자와 역사를 가르치기 시작했다고 단정했다.

구체적인 근거로는 조애실이 그녀에게 '조선인으로 태어나 역사와 문자를 모르는 것은 슬픈 일'이라 하며 《단종애사》, 《이차돈의 죽음》이라는 두 권의 책에 나오는 내용을 들려주었다'는 점을 들었다.

두 번째 유죄 근거로는 몇 달 후에도 조애실이 그녀에게 고려시대 충신 정몽주와 그 어머니 이야기를 들려준 사실을 들었다. 이때도 정몽주는 어머니의 교육에 감화 받아 만고의 충신이 되었다며, '모름지기 조선의 여성이라면 그 어머니처럼 조선에 충의를 다할 자녀를 양육해야 한다'며 그녀를 선동했다는 것이다.

세 번째 죄목은 독립군을 찬양하고 불온한 사상을 퍼뜨린 혐의였다. 재판부는 그녀가 '만주에는 김일성이라는 조선 독립운동가가 있는데 그는 원래 조선의 민족해방운동에 힘쓰던 중 검거를 피해 도망한 자로, 다수의 부하를 거느리고 신인神人처럼 6일 앞의 일을 예지하는 영웅'이라 하고, 조선 국기를 손가락으로 그려 보이며 '조선도 전에는 찬연한 독립 국가였다'고 말했다는 검사의 공소 내용을 그대로 받아들였다.

당시 아오지 탄광 사람들은 출생 신고나 사망 신고하는 법도 몰랐다. 부모가 글을 모르니 아이들을 학교에 보낼 때가 되어도 그대로 넘기기 일쑤였다. 조애실은 문맹자 부모가 자식을 문맹자로 만드는 악순환이 반복되는 것을 두고 볼 수만은 없었다. 그래서 야학을 열어 그들의 눈과 귀를 틔워 주기로 마음먹은 것이다.

그녀는 책과 필기도구를 구입하기 위해 재봉틀로 수예품을 만들어 팔았다. 부녀자들과 아이들은 주간반과 야간반으로 나누어 한글을 배웠다. 그러나 비밀은 오래가지 않았다. 1941년 3월, 일본 형사들에게 야학의 실체가 발각되었고, 조애실은 아오지경찰서에 수감되어 혹독한 고문을 받았다.

이때까지도 그녀는 어느 단체에도 속해 있지 않았다. 하지만 스무 살 앳된 처녀가 혼자만의 의지로 거친 탄광에 들어와 그토록 대범한 일을 벌였을 것이라 믿는 형사들은 아무도 없었다.

일경은 그녀가 평양전도대의 일원이거나 사회주의자일 것이라 확신했다. 어쩌다 탄광으로 끌려와 억울하게 학대받는 동포들을 알게 된 게 죄라면 죄였으나 그녀는 불령선인으로 몰려 죽음 직전에 이르도록 고문을 당했다.

사람들이 비인간적인 대우를 받는 것에 분개했을 뿐이라고, 무식하다고 천대받는 이들에게 글이라도 가르쳐 주고 싶어 자비로 야학을 열었을 뿐이라고, 김일성 이야기는 이북 지방에서 흔히 돌아다니는 소문을 전한 것뿐이라고 아무리 강변해도 돌아오는 건 매질뿐이었다.

유치장 안에는 날파리가 득실거렸다. 며칠 굶어가며 심한 매질을 당한 그녀는 오염된 식수를 마시고 설사병에 걸렸다. 쓰러져 숨 쉴 기운밖에 남아 있지 않은 그녀를 보고 놀란 일본인 형사들이 슬금슬금 피하기 시작했다. 조애실이 장티푸스라도 앓는 줄 알고 전

염될까 봐 겁을 먹은 것이다. 그렇게 병보석으로 풀려난 그녀는 어머니와 작별하고 함경도를 떠나 경성으로 향했다.

운명을 가른 한 줄의 낙서

三隆七月梨花落(삼융칠월이화락)
융희 3년 7월 배꽃이 떨어지고
六大九月海雲開(육대구월해운개)
6월 큰달이 6년이면 9월 바다에 안개가 걷힌다.

태평양전쟁이 막바지에 치달은 1944년 10월, 책갈피에 끼워진 《정감록》의 한 구절이 원주경찰서 고등계 형사의 손에 들어갔다. 안 그래도 일제는 이 문구를 둘러싸고 세간에 나도는 이야기로 골머리를 앓고 있었다.

융희는 대한제국의 마지막 연호, 고종이 강제 퇴위당하고 순종이 즉위한 때가 융희 3년 7월이다. 배꽃은 조선 왕실을 상징한다.

"융희 3년 7월에 배꽃이 떨어졌으니 《정감록》의 예언이 적중한 것이다."

"올해는 6월 큰달이 연달아 6년째 되는 해, 이제 곧 음력 9월이니 일본은 해전에서 패배하고 망한다는 뜻이다!"

독립을 염원하는 사람들 사이에서 쉬쉬하며 돌던 소문은 마침 이 무렵 미군이 필리핀 해전에서 일본 연합함대를 괴멸시켰다는 소식과 더불어 일파만파로 번져나갔다.

이튿날, 조애실은 서대문경찰서 고등계 형사들에게 영문도 모른 채 끌려 나왔다. 그곳에는 이미 곤죽이 되도록 두드려 맞고 유치장에 갇혀 있는 동대문교회 독서클럽 회원 진원자가 있었다. 그녀를 발견하고도 조애실은 그저 어리둥절할 따름이었다.

동대문교회 독서클럽은 2년 전 경성에 올라온 조애실이 유치부 교사로 일하면서 만든 모임이다. 경기고녀(현 경기여고) 출신 진원자는 가장 열성적인 회원이었다.

독서클럽 회원들은 조애실이 선정한 도서를 공유하며 열띤 토론을 벌이곤 했다. 이달의 토론 주제는 여운형, 이상재, 조만식, 안창호 등의 민족의식을 담은 논문 잡지 〈학해學海〉였다.

고문이 시작되고 나서야 그 이유를 알았다.

이틀 전 진원자가 조애실에게 회원으로 추천하고 싶은 친구 이야기를 꺼냈다. 우리 역사에 관심이 많은 친구라고 했다. 조애실은 흔쾌히 받아들였다. 뜻을 함께하는 동지가 생긴다는 건 얼마든지 환영할 만한 일이었으니까.

진원자는 기쁜 마음에 그 친구에게 달려갔다. 그녀가 친구에게 빌려 주겠다며 〈학해〉지를 가져갈 때도 두 사람은 그 안에 무엇이 들어 있는지 까맣게 잊고 있었다. 더군다나 진원자의 친구 오빠가 원주경찰서 고등계 형사라는 사실은 꿈에도 알지 못했다. 아울러 그 책갈피에 무심코 끼워 놓은 종이쪽지에 적힌 낙서 한 줄이 한 여자의 인생에 어떤 후폭

정감록

풍을 몰고 올지는 그것을 전해 준 당사자나 주변인들 누구도 차마 예상치 못했을 터였다.

조애실에게 그 종이쪽지를 전해 준 사람은 동대문교회 신도 이경성이었다. 그는 친척 노인에게 우연히 전해 들은《정감록》의 글귀를 쪽지에 적어 조애실에게 보여 주었다. 그녀는 이 내용을 독서클럽 회원들과 공유하며 미신이든 예언이든 맞아떨어지기를 기대하며 회합을 마쳤다. 그러고는 종이쪽지를 〈학해〉지 갈피에 끼워 놓았던 것인데 마지막으로 진원자가 이 책을 친구에게 읽히겠다고 가져간 것이 화근이 된 것이다.

서대문경찰서 형사들은 이미 조애실이 아오지에서 했던 일을 알고 있었다. 그녀의 집을 수색하는 과정에서 일기장을 찾아낸 것이다. 그들은 장장 81일 동안 그녀를 가둬 놓고 정해진 수순처럼 악랄한 고문을 가했다.

그녀는 이때의 심경을 자신의 수상집《차라리 통곡이기를》에

다음과 같이 적었다.

분하다. 옷을 입고 고문을 당해도 분한데 갓 스물이 조금 넘은 박속 같은 알몸을 불구대천지 놈들 앞에서 드러낸 자체만도 입술을 깨물고 죽고 싶은 치욕이었다.

나의 배후는 나다
|||||||||||||||||||||||||||||||||||||||||||||||||

알몸을 나무에 묶어 놓고 뼈가 살에서 튕겨져 나오도록 비틀어 대는 악형을 그들은 '비행기 1호'라고 불렀다. 수감자들은 그녀를 '책 보다 들어온 색시'라고 했다. 사상범으로 잡혀 온 젊은 여성을 감옥에서는 그렇게 불렀다.

그녀를 고문한 형사들 가운데 조선인 형사 두 명이 제일 악독했다. 한 명은 도쿠야마 박, 다른 한 명은 가네무라 김이라고 불렸다.

조애실의 표현에 따르면 도쿠야마는 실성한 사람 같았다. '비행기 1호'로 뼈 마디마디가 어긋난 그녀를 '잠수함'에 태운다고 가죽조끼를 입혀 욕조로 밀어넣을 때면 악마가 따로 없었다. 그는 물이 가득 찬 쇠가마 욕조에 몸을 거꾸로 처박고 숨조차 쉴 수 없도록 내리눌렀다. 물 먹은 가죽조끼가 가슴을 압박했다. 도쿠야마는 비밀 독서클럽 회원 명단을 대지 않으면 뚜껑을 덮어 버리겠다고 위협했다. 그래도 조애실이 입을 열지 않자 욕조에 빠뜨린 채로 뚜껑을 깔고 앉아 그녀를 기절시켰다.

그런 그가 어떨 때는 자상한 오라버니처럼 굴기도 했다. 하루는 손가락 매듭이 온통 벗겨지도록 고문을 가한 도쿠야마가 그녀의 머리를 쓰다듬으며 특식을 먹여 준다고 능청을 떨었다. 알고 보니 조애실의 어머니가 쌀밥과 불고기를 바리바리 싸 들고 면회를 온 것이었다. 그녀를 고문한 형사들도 모처럼 먹을 복이 터졌으니 기분이 좋을 수밖에.

그들은 모녀 간에 대화를 일체 금지시키고 면회장을 지켰다.

"아이고, 내 새끼야……."

조애실의 어머니는 겨우 한마디하고는 하염없이 눈물을 흘렸다.

면회 시간은 너무 짧았다. 어머니는 나물을 듬뿍 떠서 딸의 밥 숟가락에 얹어 주고는 어서 먹으라 했지만 조애실은 목이 메어 차마 밥알을 목구멍으로 넘기지 못했다.

그 순간 뭔가 이상한 느낌이 왔다. 나물에 작은 종이 조각 같은 게 섞여 있었던 것이다. 어머니는 비로소 안도하는 기색을 내비치며 경찰서를 떠났다.

"괜히 엄마를 보니 울보가 되는군. 이 좋은 반찬에 쌀밥도 못 먹고. 아깝잖아."

가네무라는 그녀가 손도 대지 못한 음식 보따리를 주섬주섬 싸더니 밖으로 가져갔다. 탐욕스런 형사 덕분에 조애실은 입 안에 물고 있던 쪽지를 들키지 않을 수가 있었다. 감방 화장실에서 꺼내 본 쪽지에는 '명단 소각 안심'이라는 여섯 글자가 적혀 있었다. 혹시나 꼬투리 잡힐 만한 문건이 있지 않을까 염려한 어머니가 조애실이 책상 밑에 붙여 놓은 비밀 독서클럽 명단을 찾아내서는 불태워 버렸음을 알리는 쪽지였다.

길주에서 3.1 만세운동에 앞장섰던 어머니답게 기민한 대처였다. 덕분에 비밀 독서클럽 회원들 대부분은 일경의 손아귀에서 벗어날 수 있었다.

조애실은 서대문경찰서 형사들로부터 평생 악몽으로 남을 만큼 온갖 악형에 시달렸다. 그나마 양심적인 일본인 간수들은 고문으로 만신창이가 된 그녀에게 난롯불을 쬐게 하고 몰래 음식을 챙겨 주기도 했지만, 도쿠야마나 가네무라 같은 조선인 형사들은 끝까지 일본인들보다 몇 배 더 끔찍하게 굴었다.

검찰에 이감되던 날, 가네무라가 포승줄을 가지고 웃으며 다가왔다. 조애실은 포박하려는 그를 차갑게 노려보며 이렇게 말했다.

"날 체포하던 날도 포박을 안 했는데 오늘은 도망이라도 칠까 염려되어 포박을 지우려는 거요! 대장부가 여자 하나쯤 못 다뤄서 그래!"

그 말에 머쓱해진 가네무라가 슬그머니 포승을 내려놓았다.

밖에는 함박눈이 쏟아져 내리고 있었다. 전차를 타기 위해 독립문 앞을 걸어가던 조애실은 문득 자기도 모르게 중얼거렸다.

"엄마, 설상행보雪上行步는 와우성蛙雨聲이라지요……."

'눈 위를 걸으면 비 오는 날 개구리 울음소리가 들린다'는 뜻이다. 어린 시절 눈길을 걸어 외갓집으로 갈 때 어머니가 들려준 이야기였다. 가네무라가 우연히 이 말을 듣게 되었다.

"이디시 그린 문자를 알았어? 재미있는 글귄데."

갑자기 그는 무슨 생각을 했던지 선심을 쓰듯 가끔 책을 차입해 주겠다고 했다. 그러면서 덧붙인 말이 걸작이었다.

"나도 실은 문학을 하는데……."

악독한 고문으로 폐와 심장을 다치고 늑막염과 복막염이 겹쳐 사경을 헤매던 그녀가 서대문형무소를 거쳐 재판정에 섰을 때는 판사들도 혀를 내두를 만큼 육신이 망가진 상태였다.

1945년 4월 26일, 조애실은 경성지방법원에서 치안유지법 위반으로 징역 2년에 집행유예 4년형을 받고 경성보호관찰소에 수용되었으나 단 며칠도 버티기 힘들 만큼 쇠약해진 상태였다.

보호관찰소 측은 하는 수 없이 그녀를 고향으로 돌려보내 병을 치료하게 하고 다시 상경하여 입소하도록 했다. 하지만 그녀의 병은 잠깐의 요양으로 나아질 병이 아니었다. 8월 초가 되어 다시 경성으로 불려 온 조애실은 병세가 재발하여 경성여자의학전문학교 부속병원에 입원했다. 그리고 사흘 뒤 조국은 해방을 맞았다.

아동 문학계의 대부가 된 고문 기술자

조국의 독립은 그녀에게 온전한 기쁨이 되어 주지 못했다.

조애실은 〈새벽 시단〉으로 문단에 데뷔한 이래 52년간 시인으로 활약하며 문화부 기자, 도예가, 3.1 여성동지회 회장 등 여러 가지 일을 했다. 평생 독신으로 살면서 하회탈에 심취하기도 했던 그녀는 손수 탈을 만들고 하회탈에 관한 논문을 쓰기도 했다. 어쩌면 이 모든 게 스스로 고통을 치유하려는 몸부림은 아니었을까.

신앙에 몰두하여 열성적으로 활동한 그녀지만 모진 고문의 후유증은 평생 따라다녔다. 얼마나 고통스러웠는지 치사량의 약물을 품에 품고 다닐 정도였다고 한다.

2006년 아동문학가 권오삼은 '반달'의 작사가로 알려진 윤극영의 친일 행각을 밝히면서 조애실과의 짧은 일화를 소개했다.

> 한국아동문학회장을 역임했던 일제시대의 고등계 형사 김영일에 대한 글을 쓰기 위해 당시 김영일에게 연행되었던 시인 조애실 씨에게 면담 요청을 했다가 호된 꾸중을 들었다. 그동안 아동문학계에서는 뭐하고 있었느냐는 것이었다. 그래서 면담조차 할 수 없었다.

해방 이후 윤극영과 함께 '새싹회' 회원으로 활동했으며 한국

조애실

문인협회 아동문학분과위원장, 한국아동문학회 회장 등을 역임
한 김영일. 그가 바로 서대문경찰서의 악명 높은 고등계 형사 가
네무라였다.

　정부는 조애실에게 1977년 대통령 표창을, 1990년 건국훈장 애
족장을 수여하였다.

우리말과 민족의식 수호 활동

조선어학회

1921년 창립된 '조선어연구회'의 명칭이 바뀐 것으로, 조선어와 조선글을 연구하던 학회이다. 조선어연구회는 동호인들을 규합하여 연구발표회를 가지면서 1927년 2월 8일에는 기관지 〈한글〉을 발간했다.

한글

1931년에는 '조선어학회'로 이름을 변경하여 1933년 한글맞춤법통일안과 외래어표기법을 제정하고 〈우리말사전〉을 편찬했다. 1942년부터 회원들이 여러 차례 독립운동 죄로 검거되었는데 이것이 바로 조선어학회 사건이다. 광복과 더불어 부활한 후 1949년 '한글학회'로 이름을 바꾸었다.

독서회

일제는 학교 교육을 통해 조선인의 민족정체성을 말살하고 황국 신민으로 동화시키려는 동시에 조선인과 일본인을 차별하는 정책을 실시했다.

이와 같은 식민지 교육 정책으로 말미암아 1920년대부터 학교 안팎에서 독서회 활동이 활발하게 전개되었다. 일제의 식민 교육과 사회 현실에 대한 문제의식을 기반으로 구성된 독서회는 식민지 지배 체제에 대한 저항과 독립운동으로 발전하였다.

당시의 독서회는 비정치적 자발적 독서회, 노동자와 농민 등 청년으로 이루어진 독서회, 중고등학생 조직과 결부된 독서회, 사회주의를 지향하는 지식인들의 독서회 등이 있었다.

그중 광주 독서회는 당시 학생들이 중심이 된 모임으로 사회적 파장이 컸던 대표적인 독서회였다.

망국의 한을
비행기에 싣다
권기옥

아무도 꾸지 않은 꿈

1917년 9월, 평양 숭의여학교 하늘에 비행기가 나타났다. 거대한 새처럼 날개를 펼치고 창공을 나는 비행기가 권기옥의 가슴을 요동치게 했다. 그날은 용산 비행장에서 곡예비행을 마친 미군 조종사 아트 스미스가 2차로 평양에서 시범 비행을 한 날이었다.

비행기는 고막이 찢겨 나갈 듯한 굉음을 울리며 일직선으로 날아올랐다가 잠시 숨을 고르듯 한 바퀴 선회하고는 느닷없는 저공비행으로 땅에 처박힐 듯하다 다시 높이 날아오르곤 했다.

처음 보는 광경에 혼비백산한 사람들이 이리 뛰고 저리 뛰고 야단법석을 떨었다. 그러나 권기옥은 달랐다.

"저거다!"

섬광처럼 떠오른 생각이 그녀를 마냥 들뜨게 했다.

'나는 반드시 비행 기술을 배울 것이다. 그리하여 저 망할 놈들의 황궁과 조선총독부에 폭탄 세례를 안겨줄 것이다.'

그녀는 이날 감히 누구도 상상할 수 없는 것을 꿈꾸었다.

권기옥은 평양 숭의여학교 2학년 때 교사 박현숙의 추천으로 송죽비밀결사단에 가입, 이를 계기로 독립운동에 뛰어들었다.

3.1 만세운동 당시 졸업반이었던 그녀는 숭의여학교 지하실에서 이틀 밤을 꼬박 새워 태극기를 만들어 시민들에게 나눠 주고 만

세를 불렀다. 같은 해 10월에는 평양 만세운동을 주도하고 3주간 평양경찰서에 구금되었다. 또 평양지역 청년회와 함께 상해 임시정부 군자금 모으기 운동을 펼치기도 했다. 이

아트 스미스

사건으로 평양교도소에서 6개월 징역을 살았다.

권기옥은 미술뿐만 아니라 음악에도 소질이 있었다. 평양교도소를 출소한 뒤로는 평안도에서 경상도까지 브라스밴드 순회 공연을 다니며 민중 계몽 활동에 나섰다.

평남도청과 평양경찰서 폭파 사건에도 권기옥의 이름이 등장한다. 당시 독립운동 단체와 연결되어 있던 그녀는 안경신, 장덕진, 문일민 등 임시정부와 광복군 총영에서 파견한 요원들을 송현소학교 지하실 석탄 창고에 숨겨 주었다. 한여름의 무더위와 매캐한 석탄 냄새에 시달리며 숨어 지내는 그들을 위해 시원한 냉면과 참외를 몰래 가져다주기도 했다.

만삭에 가까운 배를 안고 나타난 안경신은 까마득한 동생뻘인 그녀를 꼬박꼬박 '동지'로 호칭했다.

"왜놈들을 우리와 동등하게 말이 통하는 사람으로 취급하는 순진한 생각으로는 결코 독립을 쟁취하지 못한다오. 외교적인 노

력만으로는 안돼요. 우리 여성들도 싸울 힘을 키워야 된단 말이
지요."

권기옥은 안경신과의 대화를 통해 좀 더 적극적인 투쟁 방법을
생각하게 되었다. 그들이 폭탄을 거사 도구로 선택한 것도 그녀에
게 강한 인상을 남겼다.

문일민과 장덕진은 이곳에서 사제 폭탄을 제조했다. 만일의 경
우 중국에서 가져온 폭탄에 문제가 생겼을 때를 대비하기 위한 것
이었다.

만반의 준비를 했음에도 불구하고 폭탄 거사는 기대했던 것만
큼의 효과를 얻지 못한 채 막을 내렸다. 작전은 완벽했으나 열악
한 장비가 문제였던 것이다. 애초에 목표로 했던 주요 관공서 건물
중 폭탄이 터진 곳은 평남도청 한 곳뿐이었다. 그마저도 일부 시
설만을 파괴했을 뿐이다. 신문이 떠들어댄다고 해도 미국 국회의
원단의 이목을 집중시켜 세계적인 이슈를 만들 만큼은 아니었다.

어쨌거나 일제는 이 사건의 범인을 잡기 위해 전국 경찰에 비
상경계령을 내렸다.

"그동안 고마웠소, 동지! 후일을 도모하기로 합시다."

장덕진과 문일민은 훗날 상해에서 다시 만나자는 말을 남기고
각자의 길로 떠났다.

'그럴 때가 오긴 올까?'

순간 권기옥의 머릿속에는 비행기, 폭탄 그리고 중국이라는 나

라가 한 묶음으로 엮였다.

중국에는 비행 기술을 가르치는 학교가 있었다.

일제의 심장에 폭탄을

그해 11월. 시골 아낙으로 변장한 권기옥은 송화포구 근처에서 배를 기다리고 있었다. 평남도청 폭파사건에 연루된 혐의로 그녀를 '요시찰 불령선인 133인'에 올려 놓은 일경을 피해 중국으로 망명을 떠나는 길이다.

쫓기는 신세였으나 이상하게 마음이 허둥거리지는 않았다. 비행 기술을 배워 조선총독부를 폭파할 생각, 폭탄을 싣고 날아가서 일본 황궁을 격파시킬 생각으로 오히려 차분해지기까지 했다.

목선을 타고 근 한 달 만에 산둥성을 거쳐 상해에 당도했다. 장덕진과 문일민, 안경신은 뿔뿔이 흩어져 소식을 알 수가 없었다. 대신 그녀는 귀가 번쩍 뜨이는 이야기를 들었다. 임시정부에서 항공학교를 창설하여 공군 조종사를 양성할 계획이라는 것이었다.

'아, 나의 오랜 꿈이 결코 헛된 바람은 아니었구나!'

감격의 순간도 잠시, 순조롭게 풀릴 것 같았던 일에 차질이 생겼다. 재정난에 허덕이던 임시정부 측에서 중국의 항공학교에 위탁하여 비행사를 양성하는 것으로 계획을 변경한 것이다.

권기옥

그녀는 임시정부 재무총장 이시영의 추천장을 들고 북평, 광동, 보정의 항공학교를 찾아다녔다. 하지만 남자도 힘들어하는 비행 훈련을 여성에게, 그것도 일본 경찰에 쫓기는 처지가 된 조선 여자에게 허락하는 곳은 아무 데도 없었다.

쇳덩이가 하늘을 나는 기적이 이루어지는 세상에서 여자라서 하지 못할 일이 있다는 모순을 도대체 납득할 수가 없는 권기옥이었다. 상황은 나아질 기미가 안 보였지만 꿈을 놓아 버리기에는 열망이 너무 컸다.

"비행사가 되려면 영어를 읽고 쓸 줄도 알아야 하고 중국어도 익혀야 하니 학교에 다녀보는 건 어떨까?"

상해 대한애국부인회 회장을 맡고 있던 김순애의 권유였다. 권기옥은 그녀가 써 준 소개장을 들고 남경으로 향했다. 미국 선교사가 운영하는 홍도여자중학교가 남경에 있었다.

타국에서의 공부는 쉽지 않았다. 특히 영어가 속을 썩였다. 권기옥은 미국인 선교사의 집에 가정부로 들어가 아이들을 돌봐 주며 영어를 익혔다. 2년 반이 지나 홍도여자중학교를 졸업할 즈음 그녀의 중국어와 영어 실력은 눈에 띄게 늘었다.

이시영은 다시 그녀에게 변방에 위치한 운남 항공학교 추천장을 써 주었다. 중국 운남으로 가는 여정은 멀고도 험했다. 상해에서 홍콩으로, 다시 배를 타고 월남까지 가서 열차로 운남성에 도착하는 데만 한 달 반이 걸렸다. 그러나 그것이 끝이 아니었다. 운남 항공학교 입학 허가를 받으려면 그 지역 최고 실력자인 탕자오 장군의 추천서를 받아야만 했다.

"여자가 비행사가 되려는 이유를 말해 보아라."

탕자오의 물음에 권기옥은 어떻게 대답했을까?

잠시 후 그녀는 탕자오가 운남 항공학교 교장 앞으로 써 준 서신을 들고 나왔다. 거기에는 이렇게 적혀 있었다.

여자가 망국의 한을 품고 왔으니 받아 주어라.

조선 최초의 여성 비행사

굉음은 하늘에서만 들리는 것이 아니었다. 그것은 쏟아질 듯 심장에 닿았으며 차렷 자세의 경직된 두 팔에도, 심지어 발바닥까지 닿아 강한 진동을 일으켰다.

권기옥은 입술을 깨물었다. 붉은 핏물이 아리고 비린 맛으로 느껴지기도 전에 어떤 소리가 귓전에 울렸다.

권기옥과 동료들

'긴장 풀어요. 꼭 성공하리라 믿소.'

지난날 숱하게 손을 맞잡고 결의를 다짐했던 동지들의 목소리
였다. 운남 항공학교에는 20여 명의 조선인 생도가 있었으나 그
들 모두가 동지는 아니었다. 개중에는 일제의 사주를 받고 활동하
는 밀정들도 있었다. 이들을 통해 이 학교에 조선 출신의 여성 생
도가 있다는 사실을 알게 된 일제는 그녀를 제거하기 위해 악랄
한 음모를 꾸몄다.

한번은 뚜렷한 이유도 없이 비행기가 추락하여 탑승자 네 명이
사망하는 사고가 일어났다. 공교롭게도 그 비행기는 권기옥이 타

기로 예정된 비행기였다. 석연찮은 일은 그 이후로도 일어났다. 민씨 성을 가진 조선인 생도는 그녀에게 유독 친근하게 굴었다.

"누님, 잠시만 이걸 좀 맡아 주십시오."

하루는 그가 권총을 맡겼다. 무심코 그것을 받아든 권기옥은 뒤늦게 함정에 빠졌음을 직감했다. 이영무, 장지일 등 믿을 만한 교포 생도 세 명과 함께 그를 공동묘지로 유인하여 다그친 결과 밀정이라는 사실이 드러났다. 결국 그는 그 자리에서 자신이 권기옥에게 건넨 권총에 의해 사살되었다.

일본 영사관은 밀정이 사살된 것을 알고 권기옥을 범인으로 지목하여 운남 항공학교에 체포 협조 공문을 보냈다. 탕자오는 '운남 항공학교에 조선인 여학생은 한 명도 없다'며 그들의 요구를 일축해 버렸다. 적어도 이 지역에서는 탕자오의 말 한마디가 곧 법이었다. 그러자 약이 바짝 오른 일본 영사는 탕자오 앞으로 재차 공문을 띄웠다.

'권기옥을 길에서 만나면 즉각 사살할 테니 그리 아시오.'

공문을 받아 본 탕자오는 코웃음을 쳤다. 그는 권기옥이 졸업할 때까지 학교 밖으로는 한 발짝도 나가지 못하게 했다. 덕분에 권기옥에게는 충분한 연습 시간이 주어졌다.

비행기 조종술과 정비 기술까지 완벽하게 습득한 그녀는 그동안 온몸으로 익힌 매뉴얼을 차근차근 되새기며 앞으로 나아갔다.

조종간 확인

제원 표시사항 확인

기상조건 확인

시계 확보

출발

지축을 울리며 이륙하는 순간 두 눈이 번쩍 떠졌다. 부족한 영양 상태로 인해 어지럼증이 몰려왔지만 이내 정신을 수습하고 매뉴얼대로 공중을 선회했다.

얼마나 높이 올랐을까?

또다시 머리가 어찔했다. 조종간을 쥔 손에 감각이 느껴지지 않았다. 자연스럽게 날아가야 할 비행기가 쇳소리를 내며 그녀의 실력을 시험하고 있었다.

'이대로 추락할 것만 같다. 비행에서 탈락하느니 차라리 추락하는 게 나을지도 모른다.'

7년을 하루같이 기다려 온 시험 비행을 망쳐 버리기는 죽기보다 싫은 그녀였다. 다시금 두 눈을 부릅떴다.

손에 땀을 쥐고 하늘을 쳐다보던 항공학교 동료들의 입에서 나지막한 탄성이 흘러나왔다.

1925년 2월, 운남 항공학교 1기생 권기옥은 비행 탑승 적성검사에서 합격점을 받았다. 조선 최초의 여성 비행사가 탄생한 순간이다.

"비행기만 사 주시면 조선총독부를 폭파하겠어요."

상해로 돌아온 그녀는 임시정부 간부들에게 당찬 포부를 밝혔다. 그러나 대부분 난색을 표했다. 고국의 동포들이 보내 주는 성금으로 운영되는 임시정부에 그만한 돈이 있을 리가 없었다.

권기옥은 포기하지 않고 의열단의 김원봉, 손두환에게도 협조를 구했다. 그녀의 머릿속은 온통 비행기에 폭탄을 싣고 일본 황궁으로 쳐들어갈 궁리뿐이었다.

"우리끼리 거사를 도모하기엔 무리가 있으니 기다려 보시오."

손두환은 만주 군벌 출신 풍옥상에게 그녀를 소개했다. 이 시기 장개석의 국민당과 연합 세력을 구축한 풍옥상은 중국 최대의 군벌로 이름을 날렸다. 그는 동로군 항공대 부조종사 자리를 권기옥에게 내주었다.

1932년 상해사변이 발발했다. 중국 전투기를 몰고 출격한 그녀는 기총소사로 일본군을 궁지로 몰았다. 목표물을 향해 최대한 낮게 날아 기관총을 발사할 때마다 일본군 전열이 와르르 무너졌다.

이 순간만큼 그녀는 창공의 지배자였다. 권기옥은 중국이 일본과의 전쟁에서 승리할 수 있게 도와주면 마땅히 조국의 독립도 이루어지리라 믿었다.

무산된 꿈, 해방된 조국

"우리 청년들에게 에어쇼를 보여 주고 싶은데, 권 대위 생각은 어떤지요?"

국민당 항공위원회 부위원장 송미령이 호의적인 눈빛을 보냈다. 상해 전투에서 공을 세운 권기옥이 대위로 임관하고 얼마 지나지 않은 때였다.

송미령은 장개석의 둘째 부인으로 화려한 외모에 걸맞게 외교적 감각이 탁월했다. 그런 그녀가 권기옥의 능력을 알아본 것은 어쩌면 당연한 일인지도 모른다.

"부위원장 동지 뜻이라면 당연히 따라야지요."

송미령의 속내를 꿰뚫어 본 권기옥은 즉석에서 그 제안을 받아들였다. 속으로는 춤이라도 추고 싶은 심정이었을 것이다. 비행기를 직접 몰고 중국을 벗어날 기회만을 애타게 기다려온 그녀였다.

마침내 하늘이 기회를 허락한 것인가?

에어쇼를 펼쳐 보인 다음 비행 마지막 단계에서 항로를 변경하여 일본 본토로 날아가 황궁을 폭격하는 것이 그녀의 계획이었다.

하지만 기회는 바로 눈앞에서 그녀를 비껴갔다. 공교롭게도 에어쇼 출발 당일 북경에서 일어난 대학생 시위로 인해 비행 계획 자체가 취소되고 만 것이다.

그로부터 2년 후 중일전쟁이 발발하였다. 권기옥은 중경 육군

참모본부 교관으로 자리를 옮겼다. 중국 군인들에게 영어와 일본어를 가르치고 일본에서 송출되는 라디오 방송을 통해 정보를 수집하는 게 그녀의 주된 업무였다.

처음 중국 땅을 밟았을 때 부풀었던 꿈은 아직도 가슴을 뛰게 하건만 기회는 좀처럼 다시 찾아오질 않았다. 그러는 동안에도 세월은 무심히 흘러 그녀는 어느덧 중년의 나이가 되었다.

"나는 강산이 두 번 바뀌도록 용병 노릇을 했습니다. 공군에도 있었고 육군에도 있으면서 오매불망 때를 노렸으나 조국의 한을 풀 길이 없으니 살아도 사는 것 같지가 않았어요. 그런데 이제 드디어 때가 온 듯합니다!"

1943년 여름, 권기옥은 어느 때보다 활기에 넘쳤다. 조만간 광복군 출신 비행사들에게 미국과 중국에서 비행기를 지원하여 직접 전투에 참여하도록 한다는 것이었다.

그녀는 중국 공군 소속 최용덕, 손기종과 더불어 광복군 비행대 편성에 따른 작전 계획을 짜는 데 심혈을 기울였다. 모든 준비가 끝나고 출격 명령이 떨어지기만을 기다리고 있을 때 전혀 예상치 못한 상황이 벌어졌다. 일본이 무조건 항복을 선언한 것이다.

실제로 이 작전이 이루어졌다면 강대국의 이해 관계에 따라서 남북이 분열되는 일은 없었을지도 모른다.

조국은 독립을 이루었으나 남편 이상정은 해방 직후 뇌일혈로 갑작스럽게 세상을 떠났다. 권기옥은 한동안 중국에 머물러 있다가 1949년이 되어서야 귀국길에 올랐다.

30년 만에 돌아온 조국이었다. 못다 이룬 꿈을 안고 돌아왔으나 그녀에게는 해야 할 일이 있었다. 오랜 세월 갈고 닦은 비행 기술로 대한민국 공군 양성에 힘을 보태는 것이었다.

정부는 그녀가 평생 독립을 위해 헌신했으며 대한민국 공군 창설에 기여한 공로를 인정하여 대한민국 건국훈장 국민장을 수여하였다.

1988년 4월 19일, 전 재산을 장학 사업에 기탁하고 소박하게 여생을 보낸 권기옥은 장충동 자택에서 눈을 감았다. 여든여덟 살을 일기로 질풍노도와도 같은 삶의 비행을 마친 그녀에게 최초의 공군 여성 교관, 최초의 여성 출판인이라는 두 개의 수식어가 덧붙여졌다.

일제 강점기에 활동한
한국의 비행사들

안창남

한성부 출신으로, 일본으로 건너가 1920년 오구리 비행학교에 입학하여 비행기 제조법과 조종술을 공부한 후 1921년 5월 일본 최초로 치러진 비행사 자격시험에서 합격했다.

안창남

간토 대지진 이후 귀국해 1924년 중국으로 망명하여 중국군 소속으로 근무한 적이 있으며, 조선청년동맹에 가입하여 독립운동에 뛰어들었다. 여운형의 주선으로 산시성으로 옮겨 비행학교 교장이 되어 비행사를 양성했다. 대한독립공명단이라는 비밀 항일 조직을 결성해 항일 비행학교 건설을 위해 활동했다.

노백린

대한제국의 군인, 계몽사상가이자 일
제 강점기의 독립운동가, 비행사이다. 관
비유학생으로 일본에서 게이오 의숙과
성성학교를 거쳐 일본 육군사관학교를
졸업한 후 대한제국 군대를 신식으로 개
편했다. 1907년 군대가 해산당하자 안창
호, 윤치호 등과 신민회를 조직하여 활동

노백린

하기도 했다. 1910년 하와이로 건너가 박용만 등과 국민군단을 창설
하여 비행사 훈련을 받았다. 3.1 만세운동 이후 중국으로 망명해 상
해 대한민국 임시정부에서 일했다.

이정희

대한민국의 여성 전투기 조종사이며,
"남자가 손이 둘이면 여자도 마찬가지로
손이 둘인 이상 (비행사가) 안될 리가 없
다."라는 명언을 남겼다.

숙명여학교를 졸업하고 일본으로 유학
을 가서 비행 기술을 배우고 1931년 귀국
했다. 박경원과 권기옥에 이어 세 번째로

이정희

비행사 자격증을 소지한 그녀는 1949년 1월 10일 입대와 동시에 중

위로 임관해 공군 최초의 여군이 되었다.

박경원

대한민국 여성 비행사 1세대 중 한 사람
인 그녀는 1901년 대구에서 태어났다. 대
구 신명여학교와 일본 요코하마 기예여학
교를 졸업한 뒤 대구 자혜의원에서 2년간
간호사로 일했다. 일본의 비행학교에서 비
행사 자격증을 땄다.

박경원

1933년 8월 7일, 도쿄-경성-평양-만
주로 이어지는 동해 횡단 비행을 하기 위해 하네다 공항을 출발했
으나 원인 모를 추락사로 시즈오카현의 겐가쿠 산에서 시신으로 발
견되었다.

그녀가 '청연淸燕'이라 이름 붙인 비행기를 소유하는 과정에서 일본
체신장관의 도움을 받았으며, 고려신사를 참배했고, 일장기를 단 비
행기를 몰고 만주국 건국 1주년 기념행사에 참여하려 했던 점 등을
이유로 친일 논란이 불거지기도 했다.

최근에 고려신사는 야스쿠니신사와는 성격이 다른, 일본에 정착
한 고구려인 시조를 모시는 신사라는 점, 친일파로 알려진 '박경원
남작'은 그녀와 동명이인일 뿐이라는 사실이 밝혀지면서 그녀의 삶
을 재조명해야 한다는 일부 여론이 조성되고 있다.

청상의 여걸
조신성

의지가지없는 과부에서 여성 선각자로

1953년 5월 8일, 서울시청 앞을 지나던 사람들의 이목이 대한부인회 본부 건물로 쏠렸다. 소복 차림의 여인들이 좌우로 늘어서서 남쪽을 향해 묵념을 올리고 있었던 것이다.

대한부인회는 우익 성향의 여성 단체로 1948년에 창설되었다. 그들이 소복까지 차려입고 명복을 빌어 준 고인의 이름은 '조신성'. 그녀의 나이 여든 살. 사흘 전 부산의 한 양로원에서 연탄가스 중독으로 숨졌다.

이승만 대통령은 그녀의 장례식 날을 '어머니 날'로 제정하여 업적을 기리도록 했으나 1960년대 이후로 조신성이라는 이름은 세상에서 서서히 잊혀 갔다.

그녀의 파란만장했던 삶을 알기 위해서는 시간을 한참 거슬러 올라가야 한다.

1874년* 조신성은 평북 의주의 부유한 선비 집안에서 유복자 아닌 유복자로 태어났다. 가족들은 그녀의 아버지가 살아 있는지 죽었는지조차 알지 못했다. 처음으로 부녀 상봉이 이루어진 건 그

---

* 조신성의 출생년도에 대해서는 정확히 알려진 자료가 없다. 자료마다 기록이 다른데 한국민족문화대백과사전에는 1867년, 국가보훈처에는 1874년 혹은 1873년, 국가기록관에는 1873년으로 되어 있다. 여기서는 동아일보에 게재된 회갑연 기사를 참조하여 출생년도를 추측했다.

趙信聖女史
回甲祝賀會
民族事業에바친六十平生
平壤各界人士發起로

조신성 여사 회갑연 기사

녀가 스물네 살이 된 무렵이었다. 조신성이 어머니 뱃속에 들어선 지 3개월쯤 지나 집을 나간 아버지는 그때까지 줄곧 행방불명 상태였다.

어머니는 그녀가 아홉 살이 되던 해 독사에 물려 사망했다. 이웃에 사는 고모가 열여섯 살이 될 때까지 그녀를 돌봐 주었다.

얼굴도 모르고 혼인한 남편은 아편 중독자였다. 가산을 모두 탕진한 그는 자살로 생을 마감했다. 여성의 재혼을 죄악으로 치부하던 시대에 그녀에게 닥친 현실은 파란 많은 삶의 예고편과도 같았다.

1934년 9월 20일, 동아일보는 평양 각계 인사 37명의 발기인 명의로 대동강변에서 열린 '조신성 여사 회갑 축하연' 제하의 논평을 통해 다음과 같이 적었다.

> 오로지 육십 평생 나를 잊고 민족 사업에 공헌하고 있는 터로, 슬하에 일 점 혈육이나 가까운 친척도 없이 오직 조선을 남편으로 삼아온지라. 이제 여사의 회갑을 사회적으로 발기함이 당연한 사회적 보수라 할 것이다.

1943년 동아일보에서 펴낸 여성 잡지 〈신가정〉에는 또 이런 글이 실렸다.

> 그에게는 죽을 때까지 용서 못하는 일이 있다. 알면서 조선을 걱정하지 아니하는 조선 사람, 의롭지 못한 일을 행하는 자······

젊은 날 그녀의 인생은 체포와 구금의 연속이었다. 그 성격의 단면을 미루어 짐작하게 해 주는 일화가 있다.

매국노 이완용의 권세가 하늘을 찌르던 1909년, 평양 출신 이재명은 명동성당 앞에서 그를 칼로 찔러 죽이려고 했으나 미수에 그치고 교수형을 당했다. 그의 시신은 아현동 천주교회 묘지에 묻혔다. 일제가 비석조차 세우지 못하게 하자 천주교 신도들은 이재명의 이름을 새긴 돌을 무덤에 함께 묻었다.

얼마 후 일제가 이곳을 재개발한다는 명목으로 아예 뒤집어엎을 계획이라는 소문이 들려왔다. 이 소문을 듣고 밤중에 무덤을 파헤친 조신성은 기어코 이재명의 유골을 찾아내 평양 공동묘지로 옮겼다.

맹산 독립청년단 사건에서도 그녀의 기개를 엿볼 수 있다. 한반도에서 3.1 만세운동이 한창일 때 조신성은 북경에 머물고 있었다. 어느덧 마흔다섯 살의 중년이 된 그녀는 김구, 안창호, 이동녕 선생 등과 더불어 항일운동의 중심에 서 있었다.

이듬해 귀국한 그녀는 대한독립청년단을 결성하여 평안남도 영원, 덕천, 맹산 일대를 중심으로 무장 항일 투쟁을 전개했다. 이때 19명의 단원들이 일경에 체포되어 사형 또는 중형을 선고받은 사건이 있었는데, 이를 '맹산 독립청년단 사건'이라고도 부른다.

1922년 3월, 평양복심법원에서 조신성은 2년 6개월의 실형을 선고받았다. 경찰서 심문 과정에서 혹독한 고문이 따랐으나 그녀는 결코 약한 모습을 보이지 않았다. 관련자들의 행방을 추궁하며 죽일 듯이 몰아치는 형사들에게 웃으면서 이렇게 말했다.

"이보시오, 순사 양반. 독립운동이라 하는 것이 절대 비밀을 지켜야 하는 일이란 걸 모르고 묻는 말이요? 부모형제 간에도 하지 않을 말을 하물며 이렇게 경찰서에 갇힌 몸으로 순사에게 털어 놓을 이유가 없지 않소?"

그로부터 10여 년이 지난 후 〈신가정〉에 맹산 독립청년단의 활약상이 소개되었다. 당시 어떤 일이 있었는지 묻는 기자에게 조신성은 이렇게 말했다.

"가슴에 육혈포와 탄환, 다이너마이트를 품고 수시로 변장을 해가며 여러 날 깊은 산속을 헤매고 다녔지요. 사람들 눈에 띄지 않으려 생식生食을 해 가면서 고생도 많이 했는데, 하루는 주막에서 순검(일본 경찰을 얕잡아 부르는 말)에게 발각되어 대원들이 격투를 벌이기도 했다오. 끼니를 굶어 가며 산중에서 오도 가도 못한 채 며칠씩 숨어 지내는 건 예사고……."

그녀는 행동하는 애국지사였다. 쉰 살을 바라보는 나이에 출소한 뒤로도 대한애국부인회 사건과 신민회 사건으로 연이어 투옥되는 시련을 겪었다.

1927년 사회주의 여성운동 단체와 민족주의 계열 여성 단체를 통합한 근우회 평양지부 집행위원으로 추대된 그녀는 창립총회에서 여성의 각성을 촉구하는 연설을 했다.

노세, 노세, 젊어서 노세. 늙어지면 못 노느니라가 글쎄 뭡니까? 우리나라를 요 꼬라지로 만들어 놓은 것이 바로 그것입니다. 일하세, 일하세, 젊어서 일하세, 늙기 전에 빨리 일하세, 하는 정신과 노력으로 우리 민족이 합심해서 나가야 소원이 성취됩니다.

대의를 외면하고 일신의 안녕만을 추구하는 일부 여성들의 안이한 행태를 꼬집는 연설이었다.

'여성이 해방되는 날 세계가 해방된다'는 구호를 내걸고 여성의 사회적 참여와 경제적 독립을 강조한 근우회는 우리나라 최초의 페미니스트운동 단체라 할 수 있다. 송죽회, 대한애국부인회와는 달리 여성해방사상을 항일운동에 접목시켰다는 점에서 특이점을 지닌다.

조신성은 시대를 앞서간 여성 선각자이자 교육자로서 존경받으며 항일 독립운동사 곳곳에 뜨거운 족적을 남겼으나 말년은 비참했다. 한국전쟁 후 극심한 생활고에 시달리던 그녀는 아무도 찾지 않는 양로원에서 쓸쓸히 눈을 감았다.

어떻게 한 사람의 삶에 이렇듯 극적인 순간들이 혼재되어 있을 수 있을까?

인생을 바꾼 만남, 그리고 헤이그 밀사 사건

조신성에게는 인생의 변곡점이 된 몇 번의 만남이 있었다. 그 첫 번째가 미국인 선교사 윌리엄 베어드W.M Baird와의 만남이다.

그녀가 20대 중반에 접어들 즈음 베어드는 의주에서 교회를 열었다. 평양 숭실학교 설립자이기도 한 베어드는 조신성을 자주적인 인생관을 지닌 여성으로 성장하도록 도왔다.

그는 훗날 일제의 신사 참배 강요를 거부하며 자신의 피와 땀이 서린 숭실학교를 자진 폐교하기도 했다. 조신성이 항일운동과 교육사업에 투신한 데는 그런 베어드의 영향이 컸다.

과부는 지은 죄도 없이 천대받던 시절이었다. 베어드는 여성이 '누군가의 무엇'이 아니라 자기 몫의 삶을 살기 위해 존재하는 독립적인 인격체임을 일깨워 주었다.

저녁에는 숭실학교 한국인 교사들이 교회에서 야학을 열었다. 한학자인 할아버지는 조신성이 어릴 때 독선생을 집으로 들여 한문을 익히게 했으나 민족주의 사상에 눈을 뜨게 만든 건 베어드의 영향이 절대적이었다.

베어드는 그녀가 훌륭한 학생일 뿐만 아니라 교육자로도 탁월한 재능을 지니고 있음을 알아보았다. 실제로 조신성은 배움이 빠른 학생이었다. 틈틈이 전도 활동을 하면서 문맹자들에게 한글을 가르치기도 했다.

베어드의 주선으로 입학한 이화학당의 3대 교장 미스 프라이 L. E. Frey 역시 조신성의 교육자적 자질을 알아보았다. '요람을 흔드는 손이 세계를 지배한다'는 명언을 남긴 미스 프라이는 조신성에게 여성 교육의 중요성을 각인시킨 장본인이다. 경성에 연고가 없는 조신성을 자신이 세운 소학교 교사로 채용하고 밤에는 기숙사 사감으로 일하도록 배려하는 등 각별한 애정을 기울였다.

이화학당에서 수학을 배우는 여학생들

이화학당뿐만 아니라 서양 선교사들이 세운 학교는 대부분 초창기 학생을 모집하는 데 어려움을 겪었다. 일반 가정집에서는 남자 선생이 여자애들을 가르친다는 것만으로도 질겁했다. 그래서 학교에 다니는 사람들은 대부분 오갈 데 없는 고아들이거나 가난한 집 딸, 더러는 기생들도 섞여 있었다. 그로 인해 '이화학당 출신은 절대 며느리로 들이지 않는다'는 말까지 나왔다.

기숙사 여학생들 사이에서 조신성은 호랑이 사감으로 통했다. 단체 생활에 익숙지 않은 학생들이 조금이라도 일탈된 행동을 보이면 회초리를 들어 규율을 잡았다. 단순히 일상생활만을 통제하는 것에 그치지 않고 상급생들이 후배들을 가르치게 해서 학습 능률이 오르도록 돕기도 했다. 그녀의 엄격한 지도에도 불구하고 유각경* 같은 친일 반민족행위자가 나온 것은 서글픈 일이 아닐 수 없다.

당시 조신성이 하숙하고 있던 집에는 도산 안창호가 살고 있었다. 평양 대성학교를 설립하여 애국 청년들을 길러낸 안창호가 비밀 결사 단체인 신민회를 조직한 것이 이 무렵이다. 조신성은 신민회 여성 간부로 활동하며 서북 지역 항일운동의 주도적 역할을 담당했다.

이웃에는 광동학교 교감 이일정이 살고 있었다. 이일정은 '헤이그 밀사 사건'으로 순국한 이준의 둘째 부인이다.

다음은 1907년 2월 21일 자 대한매일신보 기사이다.

> 국채 1,300만 원은 우리 대한의 존망에 직결된 것이다. 2,000만 민중이 3개월 기한으로 담배 피우는 것을 폐지하고, 그 대금으로 한 사람마다 매달 20전씩 거두면 1,300만 원이 될 수 있다. 설령 다 차지 못하는 일이 있더라도 1원부터 10원, 100원, 1,000원을 출연하는 자가 있어 채울 수 있을 것이다.

---

* 근우회 부회장까지 지낸 유각경은 태평양 전쟁 말기 정신대와 강제 징집을 옹호하는 수많은 기고문과 대중 연설로 이 땅의 젊은이들을 사지로 몰았다.

한일협정을 빌미로 대한제국에 강제로 차관을 들여 온 일제가 막대한 이자를 책정하여 원래 1,300만 원이던 국채가 1년 만에 1,840만 원으로 불어났다. 이에 위기를 느껴 부녀자들을 중심으로 민간 단체가 들고 일어난 것이 국채보상운동이다.

조신성과 이일정은 국채보상부인회를 조직하고 각 가정을 돌며 모금 활동을 펼쳤다.

"나라를 빼앗기지 않으려면 일본에게 진 빚을 갚아야만 합니다."

그녀들의 간곡한 호소에 가정주부들은 아끼던 금가락지며 은비녀를 뽑아 주었다. 머리카락을 잘라 판 돈을 들고 오는 부인들도 있었다. 내다 팔만한 물건이 없는 여학생들은 밤잠을 거르고 수를 놓아 번 돈을 보태기도 했다.

그해 6월, 네덜란드 헤이그에서 세계만국평화회의가 열렸다. 이상설, 이위종과 함께 대한제국 특사로 파견된 이준은 을사조약의 무효를 선언하는 고종의 친서를 공개하고 열강의 협조를 구했으나 실패하고 헤이그 호텔에서 스스로 굶어 죽었다.

이 일로 고종은 퇴위당했고 이완용은 국내로 돌아오지도 않은 이상설과 이위종의 궐석 재판을 열어 이상설에게 사형을, 이위종에게 종신형을 선고했다. 이것이 '헤이그 밀사 사건'의 전말이다.

이준 열사의 허망한 죽음은 수많은 사람들의 가슴에 반일 감정의 불을 지폈다. 안창호는 한일합방 직전 중국으로 망명하고 조신성은 일본 유학길에 올랐다.

그로부터 4년 후.

평양 진명여학교 교장으로 취임한 그녀의 첫 일성이 터져 나왔다.

"돈데모(어림없는 소리)!"

일본말을 알아야 원수를 갚지

"지피지기면 백전백승이라 했다. 왜놈들을 때려잡으려면 무조건 배워야 한다. 너희가 그놈들의 나라 문명을 빼앗다가 원수 갚을 생각을 해라."

조신성은 학생들에게 일본어를 직접 가르쳤다. 그녀의 유창한 일본어 솜씨는 항일운동 전선에서 여러 일화를 남겼다.

1920년 11월 어느 날, 그녀는 대한독립단 동지 두 명과 평안남도 서창을 지나다 일본 형사들의 검문에 걸렸다. 그녀는 일부러 호들갑을 떨며 그들에게 접근했다. 마치 오랜 이웃이라도 만난 듯 일본어로 안부를 묻는 통에 형사들은 혼이 쏙 빠질 지경이었다. 그러다 이상한 느낌이 들었던지 형사 한 명이 장검을 빼들려던 찰나.

"오라버니, 뛰소!"

조신성은 일본 형사의 장검을 손으로 쳐서 떨어뜨린 후 그를 껴안고 뒹굴면서 큰소리로 외쳤다. 덕분에 동지들은 무사히 도망쳤으나 그녀는 공무집행방해죄로 6개월 징역을 살았다.

대한애국부인회 사건으로 평양감옥에서 옥고를 치를 때는 일제의 악랄함을 거칠게 조롱하는 한시를 써서 여간수들에게 보여 주며 친절하게 번역까지 해 주었다. 욕설이 난무한 내용에 여간수들은 아예 못 들은 척할 정도였다. 그때마다 그녀는 통쾌하게 웃어젖히며 이렇게 말했다.

"봐라, 일본말을 알아야 원수를 갚지!"

일제에는 이처럼 당당했지만 조신성은 같은 아픔을 지닌 이들에게는 아낌없이 베풀었다. 시집도 안 간 20대 초반의 처녀 다섯명이 그녀와 같은 감방에 있었는데, 어린 처녀들에게 충忠자 돌림의 이름을 지어 주고 어머니처럼 보살피기도 했다.

대한독립청년단 본부는 평안남도 맹산군 선유봉호굴에 있었다. 단원들은 친일파들에게 암살을 경고하는 편지를 보내고 일본인 경찰서장과 군수 앞으로는 사형선고문을 배달시키는 방법으로 자신들의 존재를 알렸다.

조신성은 공무집행방해죄로 징역을 살고 출소하던 날 이 사실이 발각되어 재차 수감되는 곤욕을 치렀다. 민족의 배신자를 일본 형사들 이상으로 증오하던 그녀였다. 독립군을 핍박하는 조선 형사들에게 세상이 떠나가라 호통을 쳤다.

"이런 개만도 못한 것들아! 살이 살을 먹는다더니 너희들을 두고 하는 말이구나. 목구멍이 포도청이거든 부잣집 담 구멍이나 뚫어

라. 동포를 팔아먹고 호의호식한들 그게 천년만년 갈 듯 싶으냐!"

아무리 절망적인 상황이라도 그녀는 교육의 힘을 믿었다. 누구보다 그녀 자신이 그 증거였다. 그녀는 특히 여성 교육에 집중했다. 장차 이 나라의 어머니가 될 여학생들을 지도자로 키워 내는 것만큼 중요한 일은 없다고 생각했다.

평양 진명여학교는 1906년 도산 안창호의 주도적인 노력과 평양부인회의 경제적 후원으로 설립된 학교였다. 입학생을 구하기 어려웠던 초창기에는 기생학교에서 온 10명이 전부였다. 5년쯤 지나자 일반 가정집에서도 딸들을 보냈다. 그러나 안창호가 망명한 뒤로 평양부인회는 해체되고 후원도 끊어졌다.

조신성이 일본에서 돌아왔을 때는 휴교 상태였다. 이화학당 사감과 교사로 일하면서 모은 돈으로 진명여학교의 경영권을 넘겨받은 그녀는 오두막 한 채를 사들여 돌담을 쌓기 시작했다. 사람들은 동그란 뿔테안경에 뾰족 구두, 이마 뒤로 바짝 올려붙인 챙머리를 하고 돌멩이를 가득 담은 바구니를 인 채로 종종걸음 치는 조신성을 신기하게 쳐다보곤 했다.

그녀가 작은 몸으로 억척스럽게 일궈 낸 오두막 학교에서 대성학교 교사들이 학생들을 가르쳤다. 그 덕에 평양 진명여학교는 짧은 기간 내에 여성 지도자를 배출하는 명문 학교로 자리잡았다.

도산 안창호와 조신성은 평생 각별한 우정을 나누었다. 나이는 조신성이 안창호보다 열한 살이 많았으나 항상 '도산 선생'으로 칭하며 깍듯하게 대했다.

조신성

1932년 4월, 일왕 히로히토의 생일을 맞아 일제는 상해 홍구공원에서 전승기념축전을 열었다. 이때를 기다려 임시정부 한인애국단 소속 윤봉길이 행사장 한복판에 폭탄을 터뜨려 일제의 간담을 서늘하게 만든 사건은 침체된 독립운동에 활기를 불어넣었다.

안창호는 이 사건에 연루된 혐의로 경성으로 압송되어 2년 6개월간 복역하고 가석방으로 풀려났다. 이후 조신성은 평양에서 멀리 떨어진 대보산 중턱에 정자를 지어 수양관이라 명명하고 안창호의 강연 장소로 쓰게 했다. 이 소식이 알려지자 전국에서 그를 따르는 사람들이 모여들었다. 이들을 '수양동우회'라 한다.

1937년 5월, '멸망에 빠진 민족을 구출하는 기독교인의 역할'이라는 제목의 유인물이 기독청년면려회 37개 지부로 전파되었다. 그 배후로 수양동우회를 지목한 일제는 전국 각지에서 회원 181명을 잡아들였다. 이듬해 3월, 지병이 악화되어 병 보석이 허가된 안창호는 경성대학부속병원에서 치료를 받던 중 끝내 숨을 거두었다.

민족지도자의 죽음으로 반일 감정이 격화될까 우려한 일제는 고당 조만식과 오윤선 두 사람만 경성행 열차에 탑승하도록 했다.
조신성은 총검으로 가로막는 그들을 온몸으로 밀쳐내며 피를 토
하듯 외쳤다.

"차라리 내 배를 갈라라. 이놈들아! 도산 선생이 작고하셨는데
어째서 내가 영결식에 못 간단 말이냐!"

일경 수십 명이 겹겹이 에워쌌지만 죽음을 불사하고 달려드는
예순다섯 살의 그녀를 말릴 수는 없었다.

애국자 조신성 할머니

너희는 결혼하더라도 남자만 믿지 말고 언제든지 독립된 생활을
할 수 있도록 정신을 키워야 한다.

조신성이 제자들에게 늘 강조했던 말이다.

많은 남성 동지들과 교류하며 여걸 소리를 듣는 그녀였으나 여
린 면도 있었다. 그녀는 잠자기 전 항상 머리카락 한 묶음을 가늘
고 길게 꼬아 문고리와 연결해 놓고서야 잠을 청했다. 여자 혼자
잠든 방에 침입자가 들어 행여라도 있을 수 있는 사고를 방지하
기 위해서였다.

회계 관리도 철저하여 동전 한 푼도 계산에 어긋나는 법이 없었

으며 깔끔하고 단정한 생활습관을 철칙으로 지켰다.

해방 직후 조신성은 북조선 여성동맹위원장에 추대되었으나 그해 11월 27일 칠순이 넘은 나이로 38선을 넘었다.

"공산당도 조선 동포인데 선생님께선 왜 구태여 남으로 가려고 하십니까?"

노구를 이끌고 월남하는 그녀를 염려하여 제자 중 한 사람이 물었다. 그러자 그녀는 대번 이렇게 말했다.

"공산당은 내 동포가 아니다."

그로부터 3년 후 남한에서 대한부인회가 결성되었다. 회장 박순천을 비롯한 대한부인회 임원들은 그녀를 부회장에 추대하였으나 이름뿐인 직함일 뿐 특별한 활동 사항은 전해지지 않는다.

한동안 행방이 묘연하던 그녀가 1.4 후퇴 이후 부산의 대한부인회 임시 사무실에 나타났을 때는 차마 눈 뜨고 볼 수 없는 행색을 하고 있었다고 한다. 팔십 평생 흐트러짐 없이 살아온 그녀의 몸에서 냄새가 진동했다.

"냉면 한 그릇 먹어봤으면……."

서북 일대를 주름잡던 여걸 조신성의 입에서 나온 한마디였다. 일제의 서슬에도 끄떡없던 그녀도 전쟁의 비극 앞에서는 갈 곳 없는 행려병자 신세였다.

'애국자愛國者 조신성 할머니.'

부산 신망애양로원 뒷산에 세워진 그녀의 묘비명이다.

그녀는 1977년 대통령 표창, 1991년 애국장이 추서되었다. 한평생 독립운동과 여성 교육에 앞장섰으나 죽어서도 쓸쓸한 애국자라는 이름. 그녀의 회갑연에서 누군가 말했듯이 이것이 '오직 조선을 남편으로 삼아 온' 인생의 대가라면 허망하기 그지없는 허울이다.

조신성이 활동한 독립 단체

대한독립청년단

1920년 평안남도 지역에서 조직된 독립운동 단체이다. 대한독립청년단연합회의 평안남도 총무 김봉규가 평안남도 각 군지역을 돌아다니며 만들었다.

대한독립청년단의 활동 목표는 독립군 자금을 모금하여 대한민국임시정부에 보내고, 대한민국 임시정부로부터 무기를 배급받아 친일분자를 처단하는 것이었다. 또한 항일 독립전쟁이 개시되면 결사대를 조직해 무력 투쟁을 전개하고, 국내에 파견 온 독립운동가들에게 숙식을 제공하고 은신처를 알선해 주는 것 등이었다.

국채보상부인회

일본으로부터 빌린 차관을 상환하기 위해 1907년 대구에서 서상돈이 '우리 2,000만 동포가 담배를 석 달만 끊고 그 대금으로 국채를 보상하자'고 제의함으로써 국채보상운동이 시작되었다.

국채보상운동 기념공원

여성들도 국채보상운동에 참여했는데, 당시 국채보상연합회의소 의장이었던 이준의 부인이 국채보상부인회 사무소를 대안동에 설치하고, 대한매일신보에 취지서를 발표했다. 이로 인해 경성에서는 여자교육회, 진명부인회, 대한부인회 등 여성 단체들이 국채보상운동에 참여했다.

지방에서도 여성들이 국채보상운동을 위한 단체를 조직했는데, 반찬 수를 줄여 빚을 갚겠다는 '부인감찬회', 금반지 등 패물을 팔아 빚을 갚겠다는 '패물폐지부인회' 등이 있다.

독립군 아내
이애라

가족 삼대의 희생

나는 문중의 죄인이다. 나로 인하여 내 처가 죽고 자식이 죽고 친족 7명이 죽었다. 나 때문에 문중에서 왜적에게 죽은 사람만도 9명이나 되니 선영에 그런 작죄(作罪)가 있겠는가.

또한 나는 내 신체에 대한 죄인이다. 양친에게서 받은 소중한 내 몸을 무수히 학대했다. 왜적에게 잡혀 감옥행을 한 것만도 33회나 된다. 끔찍한 고문도 많이 당하고 매도 많이 맞아서 노구는 성한 데라고는 없다. 이 또한 불효요 불경이니 나는 내 몸에 죄인이다.

1969년 〈신동아〉 4월호에 실린 독립유공자 이규갑의 탄식이다. 유해도 없이 가족 묘역의 비석에 새겨진 이름만 해도 그의 어머니 박안라, 형 이규풍, 형수 오세라, 부인 이애라, 조카 이민호까지 다섯 명이다. 위의 글에서 말하는 이규갑의 자식은 갓 100일이 지날 무렵 일본 헌병에게 무참히 살해당한 막내딸을 의미한다.

월탄 박종화는 일가족의 희생을 기리는 비문 말미에 이렇게 적었다.

가족이 이같이 겨레와 국가를 위하여 그 목숨과 넋을 초개처럼 바친 5위(位)의 거룩한 얼을 보았다. 이 거룩한 얼은 우리의 천

만 대 자손에게 길이길이 전하
리라.

이규갑은 이순신 장군의 직계
가문인 덕수 이씨 10대손이다.
그의 어머니 박안라(1853~1922)
여사는 순국선열을 조상으로 모
셔 온 종부로서 평생 그 의를 지
키고자 했다. 아들을 구국의 전

이규갑

선에 내보내는 것만으로는 모자라 본인 또한 칠순에 가까운 노령
에도 불구하고 만리타국으로 나아갔다.

어느 죽음인들 안타깝지 않을까마는 세상 빛을 보기도 전에 차
가운 흙으로 돌아간 어린 생명은 무슨 생각과 의지가 있어 그토록
참담한 일을 겪어야만 했던 것일까?

이규갑의 아내가 까닭도 모른 채 죽어간 그 가여운 아이의 엄마
이다. 스무 살에 이규갑과 혼인하고 남편을 따라 독립운동에 뛰어
든 그녀는 스물여섯 살에 1남 2녀 중 막내를 잃고 그녀 또한 채 서
른이 되기도 전에 죽음을 맞았다.

결혼 생활이라고 해야 8년 남짓.

품성이 현숙 효순하여 범사에 관후하였다. 이화학당을 졸업하고

양육사업에 종사하다가 서기 1919년 3.1 독립만세 때 애국부인회를 지도하다가 일경에 체포되어 경성, 평양, 공주에서 옥중생활을 하였다. 그 후 부군 리규갑 씨가 독립운동을 하는 시베리아로 밀행하다가 함경북도 승가항에서 왜적에게 체포되어 가혹한 고문을 받고 순국하다.

충남 아산군 영인면 월선리 충국순의비에 적혀 있는 글이다.
짧은 생애, 누구보다 뜨겁게 살다간 기구한 운명의 주인공.
이애라가 그 이름이다.

아무나 갈 수 없는 길

불행한 나라의 운명은 때로 한 집안의 역사를 가른다. 임진왜란 당시 이순신 장군의 어머니는 늙고 병든 몸이었으나 삼도수군통제사 앞에 오두막을 짓고 아들을 지켰다. 단지 아들의 안위를 살피기 위한 것만은 아니었다. 이 어머니가 지켜내고자 했던 것은 아들의 신념, 대의大義 그리고 조선 백성들의 희망이었다.

이규풍 형제의 어머니 박안라 열사는 충무공 가문의 며느리로서, 어머니로서 평생 부끄럽지 않은 삶을 살고자 했다.

1905년 을사늑약이 체결되었다. 이토 히로부미와 이른바 을사

오적 간에 이루어진 치욕적인 조약으로 조선의 외교권은 박탈되고 조선의 내정은 일제의 손아귀에 들어갔다.

"국난이 닥쳤는데 사내들이 집에만 있어 되겠느냐!"

조정에 토적討賊 상소까지 올린 노모는 독립운동에 나가지 않는다고 두 아들을 다그쳤다. 충무공의 후손으로 산다는 건 그만큼의 무게를 감당해야 한다는 걸 의미하기도 했다. 장남 이규풍은 불혹을 넘긴 나이였으나 굳은 결심으로 행장을 꾸렸다. 이즈음 안중근을 중심으로 한 애국지사들이 러시아 블라디보스토크에서 항일의 병대를 규합한다는 소문이 돌고 있었다.

마지막까지 장남의 발목을 잡은 것은 노모의 건강이었다. 행여 무슨 일이 생기면 임종이라도 지킬 자식이 필요했다. 그는 노모를 설득하여 한성사범학교 학생이었던 동생 이규갑을 두고 떠났다.

이규갑은 이때까지만 해도 독립운동에 별 뜻이 없었다. 교사가 되고 싶었던 열다섯 살 소년이 항일운동에 뛰어든 건 그로부터 2년 후 홍주에서 의병이 일어났을 때다.

노모의 강요로 하는 수 없이 봉기에 참가한 그는 의병들의 식량을 운반하는 일을 하면서 대의를 깨우쳤다. 나라를 잃으면 개인의 그 어떤 소망도 무의미하다는 사실을 자각한 것이다.

그동안 이규풍이 속한 블라디보스토크 의병대는 고전을 면치 못하는 중이었다. 의병대는 국경을 넘나들며 일본군과 치열한 접전을 벌였으나 결국 한일합병이 체결되고 조선은 일제의 식민지로 전락해 버렸다.

어느 날 이규풍이 집으로 돌아왔다. 아무리 굳은 결심도 이미 주권을 상실한 나라의 백성에게는 힘이 되어 주지 못했다. 이럴 바에 돌아가시기 전 부모를 하루라도 더 모시는 게 자식 된 도리라고 여겼으나 노모는 노발대발했다.

"진정 효도하고 싶거든 나라에 충성하거라. 불효는 곧 불충이다. 당장 네가 있어야 할 곳으로 돌아가라. 충무공 할아버님 영전에 부끄럽지도 않은 게냐!"

노모는 끝내 아들을 집으로 들이지 않았다. 이번에는 차남 이규갑도 함께 딸려 보냈다. 나중에는 큰며느리와 손자들이 그 뒤를 따랐으며 노모 자신도 백발이 성성한 노구를 이끌고 두만강을 건넜다.

박안라 열사는 이순신 장군의 어머니가 그랬던 것처럼 만주와 시베리아에서 자식들을 지키며 독립운동을 지원하다 1921년 블라디보스토크에서 영면에 들었다.

예고된 운명
||||||||||||||||||||||||||||||||

독립운동을 하는 남자와의 결혼은 평범한 여인의 삶을 포기한다는 것을 의미한다. 그러나 이애라는 기꺼이 그것을 자신의 운

명으로 받아들였다. 남편 이규갑을 향한 사랑 때문만은 아니었을 것이다.

이화학당을 졸업한 후 모교의 교사로 재직하던 이애라가 공주 영명학교 교감 이규갑과 결혼하게 된 것은 앨리스 샤프Alice Sharp 부인의 역할이 컸다.

유관순의 스승으로 잘 알려진 샤프 부인은 이화학당과 배제학당, 정동교회 등지에서 선교사로 활동했으며 충청도 일대에 30여 개의 학교를 세웠다. 영명학교도 그중 하나였다.

이 무렵 이규갑은 교사, 전도사, 독립운동가 1인 3역을 하고 있었다. 낮에는 영명학교 교감으로 학생들을 가르쳤고, 저녁이나 휴일에는 전도사로 활동하는 한편 국내외 항일운동 세력의 구심점 역할을 했다.

블라디보스토크는 그에게 새로운 가능성을 열어 주었다. 안중근 의병대와 약 1년간 활동을 함께하고 돌아온 그는 국내 항일 지하 단체인 신조선당을 결성했다. 처음에는 자의반 타의반으로 시작한 일이었으나 이제 확고한 의지와 각오가 서 있었다.

이애라는 샤프 부인의 이화학당 제자로 독실한 기독교 신자였다. 그녀는 이애일라 혹은 이심숙으로 불리기도 했다. 평소 샤프 부인을 존경해 왔던 그녀는 영명학교에 교사가 부족하다는 이야기를 듣고 모교에 사직서를 냈다.

아산 태생인 그녀에게 공주는 생판 낯선 동네는 아니었다. 일곱

이애라

살 연상의 교감 이규갑도 그녀가 같은 고향 사람이란 걸 알고는 호감을 나타냈다. 어쩌면 호감을 나타낸 것은 그녀가 먼저였는지도 모른다. 눈치 빠른 샤프 부인이 적극적으로 둘 사이에 다리를 놓아 주었다.

결혼 후 이애라는 자연스럽게 독립운동가의 길로 들어섰다.

그녀가 두 아이의 엄마가 되는 동안 남편은 경성으로, 평양으로 때로는 중국이나 러시아로 사람들을 만나고 다녔다. 러시아에서 시숙 이규풍이 간간이 인편으로 서신을 보내오기도 했다.

남편의 활동 반경에 따라 생활의 터전도 수시로 바뀌었다. 막내 딸은 평양에서 태어났다. 그녀는 정의여학교 교사로 학생들을 가르쳤고, 기독병원 전도사로 부임한 남편은 때때로 이 지역 독립운동가들과 은밀한 회합을 가졌다.

1919년 3월이 오기 전에 남편은 경성으로 떠났다. 이때부터 상황은 긴박하게 돌아갔다. 그 당시 이규갑은 한남수, 김사국, 홍면희 등이 제의한 한성 임시정부 수립을 염두에 두고 거사를 준비하는 중이었다.

거사일은 4월 23일.

이애라는 경성과 평양을 오가며 연락책 역할을 했다. 마침 방학이라 활동이 자유로웠고 누구도 갓난아이를 등에 업은 그녀를 의심하지 않았다.

시련의 한복판으로

1919년의 봄은 어느 때보다 길고 잔인하게 시작되었다.

평양경찰서에 며칠 구금되어 있으면서 짓밟히고 두드려 맞은 건 고생이라고 할 수도 없었다. 거리에서 만세를 불렀다는 이유로 붙잡혀 온 시민들이 다 그렇게 곤욕을 치렀다.

머리에 피를 흘리며 유치장 바닥에 쓰러져 있으면서도 이애라는 오직 남편 걱정뿐이었다. 아이들은 교회에서 돌봐 주기로 약속했다.

경성을 떠나올 때 남편이 마지막으로 했던 말이 자꾸만 귓전을 맴돌았다.

"내가 연락할 때까지 찾아오지도 말고 어디 있는지 알려고도 하지 말아요."

불길한 예감을 떨쳐버리려 애를 쓰면 쓸수록 심장이 울렁거렸다. 이규갑은 한성 임시정부 수립을 위한 국민회의 중앙 대표였다.

만일 일제가 그 사실을 알게 되면 잡히는 즉시 총살을 당할 운명이었다. 그런 그가 벌써 보름이 지나도록 아무런 소식도 전해오지 않는 것이었다.

평양경찰서에서 풀려난 뒤 인맥을 총동원하여 남편을 수소문했다. 다행히 시위 현장에서 붙잡히지는 않은 듯했다.

같은 해 4월 2일, 이규갑의 주도로 인천 만국공원에서 개최될 예정이었던 13도 대표자 회의는 무산되었다. 일제의 감시망을 피하기 위한 속임수였다. 중앙위원회는 혹시나 조직 내부에 기생할지도 모를 밀정 또는 배반자들의 존재까지 계산하여 핵심 요인들끼리 별도의 장소에서 비밀 회동을 가졌다. 그만큼 이규갑은 치밀한 사람이었다.

거사 당일인 4월 23일 낮 12시 10분, 서울 중구 서린동 봉춘관에 한성 임시정부 수립을 선포하는 국민대회 간판이 내걸렸다.

3.1 독립선언의 권위를 존중하며 독립의 기초를 더욱 공고히 할 것을 민족의 이름으로 선언한 것이 이날 국민대회의 요지였다. 마지막으로는 일본에 대한 납세를 거부하고 재판 및 행정상의 모든 명령에 불응할 것을 국민에게 알리는 임시정부령 1, 2호를 발표했다.

이승만을 집정관 총재로 추대한 한성 임시정부는 국무총리 이동휘, 내무총장 이동녕, 노동국총판 안창호, 군무총장 노백린, 법무총장 신규식, 재무총장 이시영 등을 중심으로 구성된 내각 명단을 발표하고 가두시위에 돌입했다.

"공화국 만세!"

시위대가 보신각을 시작으로 남대문, 동대문, 서대문 일대를 행진하며 구호를 외치는 장면은 미국 연합통신을 통해 전세계로 퍼졌다. 미국에 있던 이승만이 이 소식을 듣고 맨 처음 한 일이 스스로 '프레지던트President'라는 호칭을 사용한 것이었다.

한성정부 유적지 표석

한성 임시정부는 그해 9월 상해 임시정부, 연해주 대한국민의회와 통합하여 대한민국 임시정부를 이루게 된다.

이날 국민대회에서 평정관으로 선출된 이규갑은 신분이 노출되기 전 망명길에 올랐다. 관련자들을 색출하기 위해 혈안이 된 경찰과 헌병대가 그에 대한 정보를 손에 넣었을 때는 이미 국경을 넘어간 뒤였다.

대신 그 아내 이애라가 요시찰대상에 올랐다.

눈앞에서 딸을 잃다

이애라는 이제 겨우 100일이 갓 지난 딸아이를 업고 아현동 고

갯마루를 내려왔다. 이규갑의 망명을 도와준 동대문교회 권사 유득신에게 그간의 이야기를 전해 듣고 다시 평양으로 가는 길이었다. 남편이 무사히 국외로 빠져나갔다는 사실을 확인한 것만으로도 시름의 절반은 덜었다.

딸아이는 등짝에 업힌 채 잠들어 있었다. 역까지 배웅하겠다고 따라나선 유득신이 갑자기 그녀의 옆구리를 찔렀다. 황톳빛 제복에 완장을 찬 사내들이 가까이 오자 소름이 끼쳤지만 두 사람은 애써 평온을 유지했다.

상급자인 듯한 헌병이 이애라를 콕 짚어 신분증을 요구했다. 유득신은 성경책과 찬송가를 들어 보이며 예배 시간에 늦었다고 둘러댔지만 호락호락 넘어갈 상황이 아니었다.

유득신은 그 즉시 배를 걷어차여 비명을 지르며 바다에 나동그라졌고, 헌병의 뾰족한 군도가 이애라의 턱을 치켜올렸다. 안 그래도 연약한 몸뚱이가 추풍낙엽처럼 휘청거렸다. 그러자 놀란 아이가 버둥거리며 울음을 터뜨렸다.

"시끄럽다!"

우락부락하게 생긴 상급자의 눈초리가 아이를 향했고 이애라는 본능적으로 위험을 직감했다. 아직 이름도 지어주지 못한 아이였다.

'총은 가지고 있지 않다. 죽어라 도망치면 아기를 살릴 수 있을까?'

머릿속에 오만 가지 생각이 맴돌았다. 그러는 동안 울음소리는 점점 더 거세졌다. 갑자기 헌병의 무자비한 손이 어린것의 목을 낚아챘다. 그녀는 아이를 빼앗기지 않으려 미친 듯이 몸부림을 쳤다.

그러나 순순히 그만둘 놈들이 아니었다.

두 놈이 달려들어 기어코 아이를 그녀의 몸에서 떼어냈다.

이애라는 도무지 눈앞에서 벌어진 광경을 믿을 수가 없었다. 모든 게 순식간에 일어났다. 헌병의 짐승 같은 기합 소리와 더불어 바윗돌에 내던져진 아이는 울음을 그칠 새도 없이 숨을 거두고 말았다.

인간이기를 포기한 야수들은 아예 눈에 들어오지 않았다. 우윳빛 피부와 도톰한 입매, 제법 숱이 많은 눈썹. 포승에 묶여 한참을 멀어지면서도 그녀의 시선은 자신을 쏙 빼닮은 어린 주검에 하염없이 머물러 있었다.

고문 기술자들에게 사람의 육신은 놀잇감에 불과했다. 경찰서로 압송된 이애라는 죽음의 문턱까지 갔다 왔다.

손톱 밑 생살을 대나무 꼬챙이로 쑤셔대는 고문을 당해 손가락마다 성한 데가 없고, 불에 달군 인두로 앞가슴을 지지는 고문으로 끔찍한 화상을 입기도 했다. 그들이 원하는 건 이규갑의 행방이었다. 수치심을 자극하여 자포자기하게 만드는 것도 고문의 한 방법이다.

실신했다가 깨어나면 '다음번에는 인두로 얼굴을 지져 주겠다'

고 협박했다. 그러고도 말을 듣지 않으면 사정없이 몸을 짓이겼다. 하지만 어떤 잔혹한 고문에도 그녀는 입을 열지 않았다. 죽은 아기의 한을 갚기 위해서라도 그들에게 무릎을 꿇을 수는 없었다.

만신창이가 된 몸으로 출소한 이애라는 두 아이를 데리고 천안에 있는 학교로 옮겼다. 평양을 떠나 있으면 형사들이 괴롭히지 않을 줄 알았다. 하지만 어딜 가나 그녀는 요시찰대상이었다.

시도 때도 없이 형사들이 들이닥쳤고 그때마다 며칠씩 지독한 고문에 시달리다 풀려나기를 반복했다. 이 와중에도 그녀는 대한애국부인회 회원으로 각 지역 교회를 순회하며 독립운동 기금을 모았다.

이미 시어머니와 조카들은 이규풍이 있는 블라디보스토크로 망명을 떠난 뒤였다. 나라를 다시 일으켜 세우지 못하면 가족이 모여살 수도 없다. 젊디젊은 육신은 처참하게 무너져 내리고 있었으나 남편을 다시 만나기 전에는 죽을 수도 없는 그녀였다.

필사의 재회

1921년 함경북도 웅기항.

두 아이와 배에서 내리자마자 잠복해 있던 형사들에게 체포된 이애라는 취조실로 끌려갔다.

첫 질문은 언제나 똑같았다. 이규갑의 행방을 대라는 것. 이번에는 아이들을 죽이겠다는 협박이 더해졌다.

진술을 거부하자 구타와 함께 시작된 고문으로 입 안에는 금세 핏물이 고였다. 손을 뒤로 묶인 채 의자에 앉혀진 그녀의 얼굴에 뜨거운 고춧가루 물이 들이부어졌다. 눈, 코, 귀, 입 안에 불이 붙은 듯한 고통이 몰아닥쳐 비명을 쏟아내는 그녀의 옆구리를 형사가 세게 걷어찼다. 그녀는 의자에 묶인 채 바닥에 나뒹굴다 그대로 정신줄을 놓쳐 버렸다.

그로부터 몇 시간 후.

한 조선 청년이 유치장으로 들어왔다. 병원 개업 허가서를 받으러 온 이규풍의 아들 이민호였다. 이애라가 의식을 잃고 쓰러진 뒤 일어나지 못하자 형사들이 마침 그를 발견하고 안으로 데려온 것이었다.

그녀는 이민호가 응급조치를 취하고 나서야 가까스로 눈을 떴다. 피범벅이 되어 침대에 널브러진 자신을 몇 년 만에 보는 조카가 안타깝게 내려다보고 있었다.

경찰서장이 진찰 결과를 물었다. 그는 아무 소득도 없이 이곳에서 그녀가 죽는 걸 원치 않았다. 일이 잘못되면 상부의 추궁을 면치 못할 터였다.

이민호는 짐짓 태연하게 상태가 위중하여 며칠 더 치료하면서 지켜봐야 알 수 있다고 대답했다. 그러고는 왕진을 다녀가는 틈틈이 이애라를 안심시켰다. 상황을 보아 어떻게든 그녀를 블라디보스토크로 피신시킬 작정이었다.

"환자 상태가 점점 악화되고 있어 여기서는 치료가 불가능하니 서둘러 민가로 옮겨야 합니다. 안 그러면 하루이틀 사이 사망할 수도 있습니다."

이민호가 한 말은 거짓이 아니었다. 수년간 이어진 고문의 후유증이 겹치고 겹쳐 더 이상 손쓸 도리도 없게 된 것이었다.

마지못해 이애라를 조용한 여관으로 옮기도록 허락한 경찰서장은 감시를 붙였으나 형사들도 그녀가 살 가망이 없다고 여긴 탓인지 크게 신경 쓰지 않았다. 이민호는 그 틈을 노렸다가 이애라와 두 조카를 배에 태웠다.

그러나 기적은 한 번뿐이었다. 극적으로 의사가 된 조카를 만나 사지를 벗어나기는 했으나 더는 움직일 기력이 없었다. 꿈에라도 만나기를 소원했던 남편과 재회한 건 그녀가 아이들을 이규풍에게 보내고 블라디보스토크 병원에서 죽어가고 있을 때였다.

"이제 다시는 혼자 어디 가지 말아요. 내가 두 무릎으로 기어서라도 당신을 도울게요."

최후의 며칠을 함께하며 그녀가 마지막으로 남편에게 했던 말이다. 1922년 9월 4일, 향년 스물여덟 살을 일기로 순국한 그녀에게 정부는 훗날 건국훈장 독립장을 추서하였다.

이규갑은 '애라'라는 이름을 가진 여성과 인연이 깊었던 모양이다. 재혼한 여성의 이름은 김애라, 이애라와 만난 적은 없으나 그녀 또한 이화학당 출신이다.

해방 후 건국준비위원회 재무부장으로 활동하며 정계에 입문한 이규갑은 대한국민당 의원, 민주공화당 고문 등을 역임하고 1970년 노환으로 별세하여 아산 가족묘에 안장되었다.

이애라는 지금껏 고국에 돌아오지도, 그토록 사랑했던 남편 곁에 묻히지도 못했다. 그녀의 유해는 러시아 어디엔가 묻혀 있다고만 전해지고 있을 뿐 정확한 위치조차 파악하지 못한 상태다.

포한종천抱恨終天. '죽어도 풀 길이 없는 한'이라는 의미를 지닌 사자성어는 이럴 때 쓰는 말인가 싶다. 그녀는 가족이 함께 살기를 소원하여 국경을 넘었다. 보통 사람에게는 지극히 당연한 소망이 100년을 떠돌고 있다.

일제강점기 한국에서
활동한 외국 선교사

앨리스 해먼드 샤프 Alice Hammond Sharp (1871~1972)

미국 오하이오 주에서 교역자로 일하
다가 1903년 서른한 살에 감리교 선교사
로 한국에 왔다. 유관순의 스승이기도 한
그녀의 한국 이름은 '사부인史婦人' 혹은
'사애리시史愛理施'이다.

앨리스 해먼드 샤프

앨리스 해먼드 샤프 선교사는 남편 로
버트 샤프 목사와 함께 공주에 영명학교
를 설립하였으며, 천안과 논산을 거점으로 교회, 영아육아원, 학교를
세워 감리교회 선교 활동과 교육사업을 전개했다. 또한 1928년 예배
당을 세워 강경, 연산, 은진, 노성 지방을 순회하면서 사회복지 활동,
유치원 설립 등의 업적을 남겼다. 태평양 전쟁이 일어난 후 정년이 되
어 미국에 돌아갔다.

윌리엄 M. 베어드 William M. Baird (1862~1931)

숭실대학교의 설립자이자 초대 학장인 그의 한국 이름은 '배위량襄偉良'이다.

베어드는 미국 북장로교의 선교사로, 1891년에 한국에 와서 선교 활동을 시작했다. 1897년 평양에서 숭실학당을 설립해 1906년 한국 최초의 근대 대학으로 발전시켰다. 1931년 숭실전문학교와 숭실중학교 개교식에 참여한 지 한 달 후에 장티푸스에 걸려 별세했다.

윌리엄 베어드(가운데)

엘라수 C. 와그너 Ellasue C. Wagner (1881~1957)

1904년 남감리회 선교사로 송도에 온 그녀의 한국 이름은 '왕래王來'이다. 개성여학교에서 교사 생활을 했으며, 태화여자관과 여선교회에서 전도, 교육, 사회복지 일을 하며 우리나라 여성의 지위 향상에 힘썼다. 1931년 기독교조선감리회 연합연회에서 여성 목사가 되었지만, 1940년 일본에 의해 강제 귀국당했다.

메리 F. 스크랜튼 Mary Scranton (1832~1909)

이화여자대학교와 이화여자고등학교의 전신인 이화학당과 수원에 있는 매향여자정보고등학교의 창설자인 그녀는 갑신정변 이후

북아메리카 감리교회에서 파견된 5인의
여자 선교사 중 한 사람으로 대한민국의
여성 교육에 힘썼다.

매향, 달성, 공옥, 매일여학교를 세웠
으며, 진명, 숙명, 중앙여학교의 설립을
돕고 동대문, 상동, 애오개 병원과 교회
에서 봉사 활동을 했다. 그리고 수원, 여

메리 스크랜튼

주, 이천, 천안, 홍성 등에서 선교와 교육 활동을 하다가 1909년 10월
8일 대한민국에서 세상을 떠났다. 죽은 후 한국에 묻히기를 바랐던
그녀의 희망에 따라 양화진 선교사 묘지에 묻혔다.

독립군의
큰할머니
왕재덕

백만장자가 된 일자무식 촌부

1907년 7월 20일, 헤이그 밀사 사건을 빌미 삼은 이완용 내각의 협박으로 고종이 강제 퇴위당했다. 이날 어전회의에서 이완용보다 더 악랄하게 황제를 몰아붙인 자는 내무대신 송병준이다.

"사직의 안위를 지키려면 폐하께서 자결하여 일본의 화를 누그러뜨리는 것 말고는 다른 도리가 없을 것입니다."

"만일 자결하지 않는다면 도쿄에 가서 일본 천황 폐하께 사죄하십시오. 안 그러면 일전하여 항복한 후 하세가와 대장에게 용서를 비는 수밖에 없습니다."

고종에게 사태를 책임지고 자결하거나, 직접 일왕을 찾아가 사죄하거나, 이도 저도 내키지 않는다면 조선에 주둔해 있는 일본군과 마찰을 빚는 척 싸움을 일으킨 뒤 항복하고 사령관을 통해 용서를 빌든 셋 중 하나를 선택하라는 것이었다.

정미년, 고종은 결국 퇴위하고 어전회의 소식이 바깥으로 전해지자 백성들은 치를 떨었다. 이때부터 송병준은 이완용, 이병무, 고영희, 조중응, 이재곤, 임선준과 더불어 이른바 '정미칠적'으로 불리며 조선 사람들이 가장 증오하는 대상이 되었다.

송병준은 '노다 헤이지로'라는 일본명으로 개명하고 조선총독부 중추원 고문에 오른다. 그는 친일 단체 일진회의 수장으로도 악명이 높았다. 이토 히로부미가 안중근의 총에 맞아 죽자 신변의 위

협을 느낀 송병준과 이완용의 매국 행위는 극에 달했다.

일진회 명의로 '조선은 일본의 보호를 받아야 한다'는 성명을 발표하여 민족주의 진영의 공분을 샀던 송병준은 당시 일본 총리를 찾아가 조선을 1억 엔에 팔겠다는 제안을 할 정도로 나라를 팔아먹지 못해 혈안이 되었다.

1910년 12월, 이른바 '105인 사건'이 터졌다. 안중근의 사촌 동생 안명근과 애국지사들이 서간도에 무관학교를 설립하기로 하고 자금을 모집하다 일경에 검거되어 옥고를 치른 사건이다. 안중근이 여순 감옥에서 순국한 바로 그해였다.

일제는 무관학교 설립 모금 활동을 데라우치 총독 암살 모의자금으로 둔갑시켜 전국적으로 600여 명의 관련자들을 잡아들였다. 1심 재판에 넘겨진 관련자 수가 105명이라 해서 '105인 사건', 주요 핵심 인사들이 황해도 안악 지방을 기반으로 활동했다 해서 '안악 사건'으로도 불린다.

황해도 신천에 사는 쉰두 살의 과부 왕재덕은 105인 사건으로 맏아들 이승조를 잃었다. 일제의 가혹한 고문으로 얻은 병이 끝내 아들의 목숨을 앗아가 버렸다.

안중근의 동생 안정근과 결혼한 외동딸 이정서는 그해 시댁을 따라서 러시아 망명길에 올랐다.

왕재덕은 안씨 형제들의 독립운동에 없어서는 안 될 후원자였다. 딸 이정서가 은밀히 국내로 잠입해 들어오면 미리 준비해 놓은 현찰 다발을 허리춤에 채워 보내곤 했다. 때로는 직접 러시아와 중국으로 군자금을 들고 가기도 했다.

황해도는 물론 경성에서도 그녀는 소문난 땅 부자였다. 1920년대 후반부터 그녀를 '백만장자'로 소개한 기사를 심심찮게 발견할 수 있다.

이 시기 안정근은 상해에서 조선소를 운영하며 무장 투쟁에 활용할 연락선을 건조하는 중이었다. 배 한 척 건조하는 데 들어가는 막대한 비용은 모두 왕재덕이 부담했다. 독립운동을 위해서라면 거금을 푼돈처럼 쓰는 그녀였다.

그러면 왕재덕은 재산이 얼마나 많았기에 백만장자 소리를 들었던 것일까?

왜놈에겐 단 한 뼘의 땅도 팔지 않는다

||||||||||||||||||||||||||||||||||||||||||||||||||||||||||||||||||||||||||||||||||||||||||||||||||||||||||||||||||||||||||||||||||||

왕재덕은 열여덟 살에 혼인하여 스물아홉 살에 과부가 되었다. 남편은 당시 돈으로 2만 원 상당의 토지를 유산으로 남겼다. 경성에 있는 고급 주택 두 채 값에 맞먹는 금액이었다.

세 아이와 먹고 살 걱정이 없을 만큼 재산은 넉넉했지만 그녀는 하루도 쉬지 않고 일을 해서 억척스럽게 토지를 늘렸다. 토지에 대한 남다른 애착과 근검절약하는 습관은 집안 내력과도 관련이 깊다.

그녀는 1858년 황해도 부농 왕시권의 2녀 중 차녀로 태어났다. 언니가 단명하는 바람에 외동딸로 자란 그녀는 아버지를 도와 집안 살림을 꾸려가면서 농사를 배웠다.

황해도는 이북을 대표하는 곡창 지대로 일제 강점기 양곡 수탈이 극심했던 지역이다. 왕시권은 미곡 수출이라는 명목 하에 애써 농사지은 쌀을 착취당하지 않으려다 억울한 옥살이를 하기도 했다.

"이런 세상에서 농사를 지어 봤자 왜놈들 좋은 일만 시킬 뿐이다."

평생 울분을 안고 살았던 왕시권은 죽기 전에 전답을 모두 팔아치웠다. 왕재덕의 항일은 그 토지를 되찾는 일에서부터 시작되었다. 남편의 유산은 대부분 토지 매입 자금으로 사용했다. 농사를 크게 지을 요량으로 머슴도 여럿 들였다. 추수한 벼는 직접 배에 싣고 진남포 정미소로 가져갔다. 도정한 쌀을 대도시에서 직거래로 팔면 중간에 돈 나가는 일이 없기 때문이다.

그녀는 농사뿐만 아니라 사업에도 소질이 있었다. 돈이 모이면 가장 값이 헐한 황무지를 사들였다.

"땅덩어리만 지키고 있으면 저놈들도 우릴 함부로 하지 못해."

평소 그녀가 입버릇처럼 강조하던 말이다.

그녀에게 노동은 처녀 시절부터 몸에 밴 습관이었다. 왕재덕은 남부럽지 않은 부잣집 딸로 자랐으나 안 해 본 농사일이 없었다. 좁쌀은 이북에서 쌀 다음으로 귀하게 치는 곡식으로 농민들 대다수가 좁쌀 농사를 지었다. 그녀가 좁쌀 한 톨 남기지 않고 깔끔히 쓸어 키질을 한 다음 잡곡 한 자루를 뚝딱 만들어 창고에 세워 두는 솜씨는 가히 신공에 가까웠다.

소작농이 60~70가구에 이를 만큼 농사 규모가 커져도 그녀는 일손을 놀리는 법이 없었다. 황무지를 사들여 개간한 땅이 열 평 스무 평 늘어나면서 '황해도 신천 일대에 왕재덕 땅이 아닌 것이 없다'는 말이 돌기도 했다.

그 무렵 송병준이 피부병에 효험이 있다고 알려진 신천온천 인근 목초지에 눈독을 들였다. 일제의 수탈을 견디다 못한 농민들이 버려두고 간 땅이 수백 평에 달했다. 송병준은 이곳을 제 손아귀에 넣고 농지를 개간하여 크게 잇속을 챙기려 했다.

마침 왕재덕의 전답이 이 목초지와 연결되어 있었다. 만일 송병준의 계획대로 일이 진행된다면 자신이 손해를 감수해야 되는 건 기본이고 이웃 농민들의 한이 서린 땅이 매국노의 손에 넘어갈 판이었다.

"제깟 놈이 감히 우리네 고향을 날로 먹으려고 들어?"

왕재덕은 노발대발하여 송병준을 상대로 소유권 무효 소송을 걸었다. 그리고 몇 년에 걸친 재판에 승소한 뒤 그 땅을 모두 사들였다. 나는 새도 떨어뜨린다는 권력자와 맞서 재판을 일으킨 것부터가 보통 배짱으로는 하기 힘든 일이었다.

한번은 이런 일도 있었다. 사리원에서 신천까지 철도가 연결되었을 때 일이다. 조선철도회사가 신천온천에 철도호텔과 육군 전지요양소를 신축한다는 계획이 알려지자 사방에서 투기꾼들이 모여들었다.

그중 한 일본인이 이곳에 여관을 짓기 위해 공사를 벌였다. 그런데 일꾼 십수 명이 작업을 하고 있던 그 땅은 왕재덕이 팔지도 않은 땅이었다.

"남의 땅에서 이 무슨 짓인가?"

"안 그래도 조만간 땅 주인을 만나 볼 생각이었소. 값은 시세보다 후하게 쳐 드리리다."

왕재덕의 항의에 일본인은 흥정부터 하려고 들었다. 그녀는 일언지하에 그 제안을 묵살하고 공사를 중단할 것을 요구했다. 조급

해진 일본인이 태도를 바꿔 두 배 세 배 땅값을 올려주겠다고 애걸복걸해도 그녀는 요지부동이었다.

"그러지 말고 부인이 제 입장을 좀 봐주십시오. 어차피 개발될 곳이니 피차 손해를 안 보려면 일찌감치 타협을 보는 게 낫지 않겠습니까?"

"돈은 나도 가질 만큼 가졌소. 당신 같은 사람한테는 땅 한 뼘도 안 팔 것이니 그리 아시오. 사람이 염치가 있어야지. 당신네들 하는 짓은 어찌 그리 한결같소?"

왕재덕의 날선 호통이었다. 결국 상대는 공사비만 날리고 신천을 떠났다.

또 한번은 세도깨나 부리는 친일파와 소송이 붙었다. 주변에서 상대편이 변호사를 선임했다는 소식을 전하자 그녀는 코웃음을 치면서 이렇게 말했다.

"법이 별건가, 경우가 법이지!"

신천온천역이 개통될 때 조선철도회사는 평당 30전을 제시했다. 이번에도 그녀는 완강하게 그들의 요구를 거부했다. 철도회사 직원들은 수차례 협상에 실패하자 조선총독부령을 들먹이며 그녀를 압박했다. 개인 소유의 땅이라도 철도 부지로 편입된 이상 버틴다고 될 일이 아니었다.

"대신 당신네들 이익을 보자고 하는 일이니 절대로 헐값에 땅을 내놓진 않을 것이오."

그녀는 철도회사가 애초에 제시한 금액의 여섯 배를 받고 나서야 매매각서에 도장을 찍었다.

일제는 1912년부터 토지대장을 만들어 조선을 실질적으로 지배할 발판을 구축했다. 실제 땅 주인이라도 토지대장에 인적사항을 올리지 않으면 소유권을 인정해 주지 않기로 한 것이다. 그런데 절차를 제대로 알리지 않아 이를 관청에 신고하는 방법을 모르는 농민들이 부지기수였다.

왕재덕은 자기 이름만 겨우 쓸 줄 아는 문맹이었다. 사람을 시켜 군청에 토지증명서류를 제출했으나 무슨 일인지 번번이 퇴짜를 맞고 돌아왔다. 어느 날 그녀가 서류를 들고 관청으로 갔다.

"이보시오. 여기 틀린 데가 어디 어디요?"

일자무식 시골 노인이라고 얕잡아보던 군청 직원들은 당나귀를 타고 나타난 그녀의 위엄에 대번 기가 죽었다. 왕재덕은 그들에게 담배 한 갑씩 나눠주고 점잖게 말을 꺼냈다.

"수고스럽겠지만 잘못된 부분이 있으면 제대로 좀 고쳐 주시오."

이날 그녀는 군청 직원들이 만들어 준 완벽한 서류를 받아들고 당당하게 집으로 돌아갔다.

항심이 있어야 항산이 있다

왕재덕은 학문을 깨우치지는 못했으나 삶의 목표와 철학이 뚜렷한 여성이었다. 기억력이 비상하여 이치에 맞는 격언이 있으면 외웠다가 주변 사람들에게 들려주곤 했다.

"천석꾼이 되려면 열심히 노동하고 땅을 넓혀야 하지만, 만석꾼이 되기 위해서는 반드시 새는 주머니를 조여야 한다."

이것이 근면과 절약을 철칙으로 삼아 온 그녀의 생활신조였다. 겨울이 되어도 자기 한 몸 따뜻하게 자자고 방에 불을 때는 일이 없었다. 밤에는 호롱불 밑에서 길쌈을 하고 손님이 올 때나 석유 등잔을 밝히곤 했다.

간혹 외지에 다녀올 때는 차비를 아끼려고 역에서 빈 달구지를 얻어 탔다. 그렇다고 혼자만 잘살겠다고 아등바등하는 수전노는 아니었다. 이렇게 아껴서 모은 돈은 자신을 위해 쓰는 법이 없었다. 대부분 독립운동 자금으로 보냈다. 오죽하면 이 시기 '만주나 연해주에서 활동한 독립운동가 중 왕 부인의 신세 안 진 사람 없다'는 말이 있을 정도였다.

왕재덕은 독립운동계의 거목들과 교류가 잦았다. 백범 김구와도 사돈지간으로, 그녀의 외손녀가 김구 선생의 맏며느리 안진생이다. 도산 안창호는 '105인 사건'으로 병사한 장남 이승조와 손자 이계천이 존경하는 인물이었다. 왕재덕은 그가 해외에 망명해 있는 동안 생활비를 지원하기도 했다.

흉년이 들면 소작료를 감해 주고 극빈자들에게는 양식을 나눠 주었으며 어려운 이웃을 돕는 일에도 넉넉하게 마음을 썼다. 그녀는 몸에 병이 들지 않는 한 쉬는 법이 없었다. 손주 재롱이나 보고 있을 나이에도 당나귀를 타고 농사 감독을 나가곤 했다. 소작농이 독립할 때 땅 몇 마지기라도 챙겨 나갈 수 있도록 해 주려고 황무지 개간에도 심혈을 기울였다.

그러나 세월은 누구도 비켜 가지 않았다. 환갑이 넘어 칠순이 가까워지면서 왕재덕은 부쩍 몸이 쇠약해졌다. 그래도 추수 때가 되면 머슴에게 업혀서라도 타작마당에 나가 보곤 했다. 어쩌다 팥알 하나, 콩알 한 쪽이라도 떨어져 있으면 난리가 났다. 일꾼들이 기어코 그 알갱이를 소쿠리에 주워 담아야만 잔소리가 멎곤 했다.

맹자는 '항산恒産이 있어야 항심恒心이 있다'고 했다. 백성이 잘살기 위해서는 꾸준한 생업이 있어야 한다는 것이고, 그래야만 항상 같은 마음을 유지할 수 있다는 뜻이다.

그런데 왕재덕은 이를 '항심恒心이 있어야 항산恒産이 있다'로 바꿔 썼다. 아마도 재산을 소유하는 것보다 중요한 것은 그 재산을 모으는 마음에 달려 있다는 뜻일 것이다.

경성에 일이 있어 나간 왕재덕은 YMCA 관계자들을 만났는데 덴마크라는 나라에서는 청년들에게 농업을 가르치는 학교가 있으며, 그 나라가 부강해진 것이 농업 교육 때문이라는 이야기를 들

왕재덕이 세운 신천 농민학교

었다. 순간 그녀는 무릎을 탁하고 쳤다.

왕재덕은 훌륭한 영농 인재를 양성하는 것도 나라의 독립을 위해 중요한 일이라고 판단했다. 그녀는 장손 이계천과 함께 농민학교를 설립했다. 이계천은 훗날 교장에 취임하여 실질적인 운영자로서 할머니의 뜻을 이었다.

1929년 약 10만 평의 토지를 처분하여 신천군 북부면 서호리에 세워진 '신천 농민학교'는 왕재덕의 첫 번째 결실이었다. 두 칸짜리 교실과 교무실, 24개의 방으로 이루어진 기숙사, 아담한 규모의 사택도 함께 지었다. 건물이 완공된 후에는 수원 고등농림학교(지금의 서울대학교 농과대학) 출신 교사들을 초빙하여 40명의 학생들과 같이 기숙사에서 생활하며 교육과 실습을 병행하도록 했다. 그녀의 나이 일흔한 살 때였다.

이듬해 '신천 농업학교'로 정식 인가를 받고 학생 수가 늘어나자 학교 건물을 증축해야 했다. 왕재덕은 농사실험실을 갖춘 현대식 건물을 짓기 위해 당시 돈으로 20만 원을 추가로 투자하여 재단법인을 설립하였다. 이렇게 해서 조선 유일의 5년제 사립 농민학교가 세상에 모습을 드러냈다. 각 신문마다 그녀의 통 큰 기부를 언급하며 '농민의 어머니'로 칭송하는 기사가 대문짝만하게 실렸다.

소설가 이광수는 '인색한 부호들에게 경종을 울린 아름다운 여인'이라 극찬하는 칼럼을 썼고, 야마나시 한조 당시 조선 총독은 학교로 찾아와서 그녀를 특별히 치하하기까지 했다.

"나는 내 할일을 했을 뿐인데 무엇을 치하한다고 그러십니까? 천만의 말씀이올시다."

독립군 대모의 뼈 있는 한마디였다.

그녀의 장례식에 인파가 몰린 까닭

|||||||||||||||||||||||||||||||||||||||||||||||||||||||||||||||||||||||||||

왕재덕의 도움으로 러시아 연해주에서 독립운동의 기반을 마련할 수 있었던 안정근·이정서 부부는 1919년 임시정부가 수립되자 상해에 터전을 잡았다. 왕재덕은 사업을 핑계로 세 차례나 국경을 넘어 독립운동 자금을 지원했으나 상황은 점점 암울하기만 했다.

일제의 끈질긴 탄압을 피해 딸과 사위가 홍콩으로 베트남으로 이주했다는 소식을 들은 게 마지막이었다. 사위 안정근은 1949년 상해에서 병으로 죽고, 안중근 의사가 거사 직전에 단지斷指로 결의를 다진 손가락을 허리춤에 묶고 다녔다는 딸 이정서는 해방 후 귀국하였으나 왕재덕의 죽음으로 모녀 상봉은 끝내 이루어지지 않았다.

죽은 첫째 아들 이승조의 자녀들과 막내아들 이수극은 기독교도였으나 딸을 안씨 집안에 시집보내면서 천주교와 인연을 맺은 왕재덕은 말년에 전 재산을 기부하여 신천에 200여 명을 수용할 수 있는 교회를 세웠다. 당시로선 대형 교회라 할 수 있다.

"구교나 신교나 섬기는 하느님은 한 분이시다."

그녀는 교회를 설립하기로 결정하면서 가족들에게 자신의 뜻을 전했다. 그리고 교회가 문을 연 그해 세상을 떠났다.

1934년 6월.

왕재덕의 장례식

    장례식은 사회장으로 치러졌다. 전국 각지에서 조문객이 몰려
들었다. 때마침 장마철이라 하늘에서 비가 쏟아지고 땅은 움푹움
푹 패어 걸음을 옮기기도 힘들었다. 경성도 아니고 황해도 산간의
작은 농촌 마을에 많은 조문객이 찾아오고, 더군다나 조선 여성의
죽음을 애도하기 위해 사회장을 치른다는 것 자체가 극히 이례적
인 경우였다.

    동아일보는 '왕재덕 여사 사회장'이라는 기사를 통해 이날의 분
위기를 전했다.

장례식은 2만여 군중이 모인 가운데 성대히 치러졌다. 여사는 황해도 신천에 태어났고 18세에 결혼해 2남 1녀를 두었으나 29세에 남편 이영식이 사망했다. 그 후 타고난 근면함과 뛰어난 사업 수완으로 남편이 남긴 땅을 일구고 재산을 모아 수십만 원의 자산을 가진 부호가 되었다……

교육 사업과 종교 단체 기부 활동, 빈민 구제 활동 등을 줄줄이 열거하고 있으나 실상은 그녀의 부를 찬양하는 기사였다. 어디에도 독립운동에 기울인 평생의 노고를 찾아볼 수 없다.

만일 그녀가 만석꾼 재산을 평생 끌어안고 살았다면 그토록 많은 사람들이 그녀의 죽음에 애도를 표하지 않았을 것이다. 왕재덕은 가난한 소작농들이 경제적 독립을 이루도록 도왔고 농촌 청년들에게 교육의 기회를 열어줌으로써 정신의 독립을 도왔다.

그녀의 생애가 빛나는 이유는 전장에 나가지 않고도 생활인으로서 할 수 있는 최선의 노력을 다해 독립에 힘썼다는 점이다.

신흥무관학교와 신천 농민학교

신흥무관학교

서간도에서 개교한 독
립군 양성 기관으로, 현現
경희대학교의 전신이다.

신흥무관학교는 1911년
이상룡을 주축으로 윤기
섭, 이시영, 이회영 형제와
김형선, 이장녕, 이장직, 이

신흥무관학교

동녕 등 군인 출신이 중심이 되어 '신흥강습소'라는 이름으로 설립되
었다. 일제의 눈을 피하고 중국 당국의 양해를 얻기 위해 강습소라는
이름을 내걸었으나 초기부터 독립군을 양성하기 위한 군사학교의
성격을 지니고 있었다. '신흥'은 신민회의 '신' 자와 부흥을 의미하는
'흥' 자를 합쳐 만든 것이다.

신흥무관학교의 졸업생들은 서로군정서 의용대, 조선혁명군, 대

한독립군, 대한민국 임시정부 한국광복군과 활동하는 등 무장 독립
운동의 중심에 있었다.

신천 농민학교

1930년 왕재덕에 의하여 1년제 농민학교로 설립된 후 1939년 5년
제의 갑종농업학교로 승격되었는데 그 당시 우리나라에는 단 하나
밖에 없던 갑종농업학교였다.

농업으로 성공한 왕재덕은 농업의 중요성을 누구보다도 잘 알고
있었기에 농촌을 구제하려면 농민학교를 설립해야 된다고 생각했
다. 당시 국내에서는 농촌 계몽운동이 크게 일고 있었으며 또 덴마크
가 고등농민학교를 세워 세계의 모범적인 농업국으로 발전하였다는
사실을 알게 되었다.

1929년 신천 북부면 서호리에 10만 평의 토지와 현금 1만 원으로
교실 2개와 직원실 그리고 방 24개가 있는 기숙사를 지었다. 그리고
는 수원 농민고등학교 출신 교사를 초빙하여 40명의 학생들을 가르
치게 했다. 1930년 2월 12일에 신천 농민학교 인가를 정식으로 받게
되자 학생 수도 증가했다. 다시 학교를 증축하기 위해 6만 원을 기부
했고 농사실험장도 만들었다. 농민학교의 틀이 잡힌 후 '농업학교'로
개칭하고 재단법인도 설립하여 성공적으로 발전시켰다.

송죽비밀결사단
초대 회장
김경희

소나무의 푸르름에 대나무의 기상을 입고

〰〰〰〰〰〰〰〰〰〰〰〰〰〰〰〰〰〰〰〰〰〰〰〰〰〰〰〰〰〰〰〰〰〰〰〰〰〰〰

송죽비밀결사단은 송죽회松竹會라고도 하며, 1913년 평안도 여성들이 결성한 항일 구국 여성조직이다. 평양 숭의여학교 출신 오정석과 교사 황애덕, 이효덕 그리고 평양 숭현여학교 교사 김경희가 초창기 모임의 주축을 이루었다. 설립 목적은 독립운동에 보탬이 될 여성 인재를 양성한다는 것이었다.

후에 박현숙, 이효덕, 서매물, 채광덕, 이마대, 송복신 등의 학생과 기독교 여신도들도 함께 활동했다. 20여 명의 핵심 회원들은 각자 자신의 연고지에서 개별적인 일대일 하부 조직을 구성하는 방식으로 조직망을 키웠다. 가령 어느 회원이 외부에서 한 명의 동지를 얻으면 2단계 하부 조직이 결성되는 식이다.

신규 회원은 회원 1인의 추천을 받은 경우에 만장일치로 영입 여부를 결정했다. 또한 이렇게 해서 2단계, 3단계 하부 조직이 늘어나도 전체 구성원이 한자리에 모이지 않는 것을 철칙으로 하고 이름도 각자 암호를 사용했다.

이처럼 철저한 기밀유지 원칙은 일제의 감시에서 회원 스스로는 물론 상대방을 보호하는 2중 보안장치 역할을 하며 여성 독립운동 단체의 새로운 지평을 열었다.

당시 평양은 '동양의 예루살렘'으로 불릴 만큼 기독교가 흥한 곳이었다. 회원들은 매주 한 번 기도회 또는 생일 축하 모임 형식으로 비밀 집회를 열어 활동 방향을 숙의했다. 매월 30전의 회비를 걷어 국내외 독립운동가들의 활동 자금을 지원하는 것도 송죽회의 중요한 임무였다.

학생 신분인 회원들은 회비를 마련하기 위해 돈벌이가 될 만한 일을 찾았다. 당시 평안도 지방에 머물던 외국 선교사들 사이에서는 아기 머리에 씌우는 '굴레'라는 장신구가 인기였다. 자수와 구슬로 장식된 굴레는 고가의 물건이어서 하나만 잘 만들어도 1년 회비를 충당할 수 있었다. 자수에 자신이 없는 회원들은 떡을 만들어 팔았다.

평양에서 시작된 이 모임은 시간이 지날수록 회원 수가 급격하게 늘어났으나 정확한 회원 수나 조직 체계에 대해서는 외부에 일체 알려지지 않았다.

20대 여교사의 의기, 1대 회장 김경희

1916년 평양 숭현여학교 교사 김경희가 수업 도중 일본 경찰에 끌려갔다. 평화롭던 교실은 겁먹은 여학생들의 비명과 울음소리로 순식간에 아수라장이 되었다.

'괜찮아.'

김경희는 휘청거리는 몸을 가누며 눈으로는 학생들을 안심시

김경희

켰다. 그녀가 바로 송죽회 1대 회장이다.

1년 전 봄, 그녀는 지리 수업을 하다가 만세를 불렀다. 동아시아 지도를 펼쳐 보이는 순간 와락 그 이름이 솟구쳤기 때문이다. 그날은 안중근 선생이 5년 전 여순감옥에서 순국한 날이었다. 치밀어오르는 울분과 격정에 휩싸인 그녀는 자기도 모르게 교편을 들어 하얼빈을 가리키고 있었다.

"이곳은 안중근 선생님께서 민족의 이름으로 이토 히로부미를 처단한 곳이다. 선생님은 우리말로 세 번, 러시아어로 세 번 '대한만세'를 외치셨다. 이곳에 러시아 사람들이 모여 살기 때문이다. 그래야 세상 사람들에게 우리 대한 사람의 의로운 기상을 널리 알릴 수 있으니까!"

열변을 토하는 그녀의 두 눈에 눈물이 고였다. 독립이 이루어지면 하얼빈 광장에 선생의 동상을 세워야 한다는 말도 했다.

닫힌 창밖으로는 바람 한 점 불어오지 않았다. 훌쩍훌쩍, 여학생들의 숨죽인 흐느낌 소리만이 답답한 조국의 현실을 대변하고 있을 뿐 해가 바뀌도록 아무 일도 일어나지 않았다.

그리고 이날, 김경희는 일본을 모욕하고 학생들에게 불온한 사상을 전파했다는 죄로 경찰서에 끌려가 혹독한 고문에 시달렸다.

악독하기로는 둘째가라면 서러울 고등계 형사들에게 잡혀갔으니 골수와 내장까지 상하지 않았다면 그게 더 이상한 일이다.

2015년 뉴욕 한인교회 창고에서 발견된 '한국의 상황'이라는 제목의 문건은 1919년 3.1 만세운동 이후부터 이듬해 3월까지 여성 독립운동가들에게 일본이 가한 무자비한 고문의 실상을 폭로하고 있다.

미국 선교사들이 쓴 보고서 형식의 이 문건에는 일본 경찰에 의한 성고문의 실상이 구체적으로 적시되어 있다.

일본 경찰이 자행한 고문 및 잔혹 행위에는 젊은 여성과 여학생을 발가벗기고, 심문하고, 고문하고, 학대한 행위들이 포함돼 있다. 그리고 이런 상황에서는 강간에 대한 처벌이 이뤄지지 않는다. 우리는 구체적인 성고문 건수를 일본 경찰 측에 요청했으나 '정확한 통계 자료가 없다'는 회신을 받았을 뿐이다.

여성들에 대한 무자비한 탄압을 목격한 선교사들은 일본 정부에 가혹 행위를 중단해 달라고 요청하기도 했다. 그러나 1919년 10월과 11월에는 오히려 새로운 고문 방법이 크게 늘었음을 알게 되었다.

김경희는 평양경찰서에서 수주일 간 온갖 극심한 악형에 시달려야 했다. 얼마나 지독한 고문을 당했던지 나중에는 의자에 앉히기만 해도 가쁜 숨을 몰아쉬곤 했다.

경찰은 가족을 불러 병원으로 이송하고도 줄곧 감시를 붙였다. 실신했다 깨어난 그녀는 울고 있는 가족들 뒤에 서 있는 형사들을 묵묵히 지켜볼 뿐이었다. 분노, 적개심, 일말의 연민까지 뒤섞인 멸시 어린 눈빛에 차가운 불꽃이 일었다.

"90년은 더 살겠구만."

형사가 슬그머니 밖으로 나가면서 말했다.

경찰서에서 풀려난 김경희는 결국 교사직을 박탈당하고 폐질환으로 병석에 눕고 말았다. 육신은 비록 무너질 대로 무너졌으나 아직은 20대의 피 끓는 나이였다. 그녀는 병마와 싸우면서도 송죽비밀결사단의 회장 역할도 게을리하지 않았다.

3.1 만세운동을 앞두고 김규식(상해 임시정부 부주석)의 부인 김순애가 평양을 찾았다. 만세운동의 확산을 위해 중국에서 배를 타고 부산으로 들어온 김순애는 대구, 광주, 경성을 거쳐 평양으로 오는 길이었다.

송죽비밀결사단원들을 움직여 거사를 준비한 김경희는 3월 1일 기독교계 여성들을 이끌고 만세 시위에 나섰다. 그리고 경찰에 쫓기게 되자 김순애를 따라 상해 망명길에 올랐다.

나는 죽어서도 대한독립만세를 외칠 것이다

생각했던 것보다 임시정부 재정은 열악하기 짝이 없었다. 조국을 찾겠다고 모여든 청년들이 일본군과 싸우려고 해도 무기를 구할 돈이 없어 돌려보내야 할 지경이었다.

1919년 7월, 김경희는 평양 숭실학교 학생 김정목과 함께 귀국길에 올랐다. 명목은 군자금 모금을 위한 것이었으나 그녀의 건강 상태를 염려한 도산 안창호와 김순애의 간곡한 권유가 있었다. 낯선 타국 생활은 절대 안정을 취해야만 하는 결핵 환자에게 치명적이었던 것이다.

그녀는 상태가 더 악화되기 전에 꼭 해야 할 임무가 있었다. 국내외 여성 단체를 규합하여 좀 더 광범위하고 거국적인 규모의 항일 비밀결사 조직을 구축하여 임시정부를 돕는 일이었다.

계획은 김순애와 김정목에게서 시작되었다. 이에 공감한 김경희는 우선 송죽비밀결사단부터 움직일 요량이었다. 기나긴 여정에 숨이 가빠 왔으나 마음속에는 새로운 조직에 대한 청사진이 펼쳐졌다. 병이 더 심해진 와

김규식과 김순애

중에도 단원들의 회합을 주도하고 만세운동에 참여하여 시위대의 선봉에 섰던 그녀였다.

며칠 후, 평양 지역 송죽비밀결사단 핵심 단원들의 특별 회합이 열렸다. 모두들 부쩍 쇠약해진 김경희를 안타깝게 바라보았다. 이 상황에서 안부를 나누는 것도, 단원들을 부둥켜안고 눈물을 쏟는 것도 사치였다. 그녀는 이미 죽음이 임박했음을 온몸으로 느끼고 있었다.

"이제 우리가 초심으로 돌아갈 때가 된 듯하다."

김경희는 단도직입적으로 새로운 조직의 필요성을 역설하였다. 만세운동 이후로 시국이 완전히 달라졌다는 건 모두들 실감하고 있었다. 일제가 더욱 악랄하게 독립운동의 기세를 억압하려고 드는 지금이야말로 여성들이 하나로 뭉쳐야 할 때였다.

단원들은 일심동체가 되어 그녀의 뜻을 따르기로 결의했다. 이렇게 '대한애국부인회'가 첫발을 내딛게 되었다. 평양 장로교와 감리교 여성 신도들을 중심으로 이루어진 이 조직은 1919년 11월 결성되어 1920년 10월 일제에 강제 해산되기까지 상해 임시정부의 든든한 후원 역할을 했다.

애석하게도 이것이 김경희의 마지막 독립운동이었다. 그녀는 살아서 대한애국부인회의 활약상을 볼 수가 없었다. 고문으로 얻은 병은 끝내 서른두 살의 고결한 영혼을 하늘에 올려보냈다. 대한애국부인회가 창설되기 두 달 전이었다.

"나는 독립을 못 보고 죽으니 후일 독립이 완성되는 날 내 무덤에 그 뜻을 고하라. 나는 죽어서도 대한독립만세를 부르리라."

그녀의 마지막 소망은 1920년 1월 17일 상해 대한애국부인회가 주관한 추모식을 통해 세상에 알려졌다. 그녀에게는 1995년 건국훈장 애국장이 추서되었다.

김경희가 활동한 독립 단체

송죽비밀결사단

1913년 평양에서 조직된 항일 비밀여성 단체이다. 초대 회장인 김경희는 평양 숭현여학교 교사로 근무하면서 황애시덕, 이효덕, 안정석 등과 함께 박현숙, 이마태, 채광덕, 송복신 등 20여 명의 학생을 포섭하여 숭의여학교 기숙사에서 비밀결사 송죽회를 조직해 항일 투쟁을 전개했다. 이후 상해로 망명해 비밀결사 부인회를 조직하고 군자금 모집 활동을 펼치기도 했다.

송죽회는 절개의 상징인 소나무와 대나무를 합친 이름으로, 독립군 자금 지원과 망명지사 가족 돕기, 독립을 위한 인재 양성 등에 주력했다. 민족정신 함양을 위해 매주 한 번씩 기숙사에서 기도회 형식의 비밀 집회를 열고 역사 강좌 및 토론회를 진행했다.

회원들은 전국 각처의 여학교에서 교편을 잡으며 학생들의 항일 의식 고취에 힘을 쏟았다.

비밀 유지와 회원 관리에 철저하여 점조직 형태로 활동하면서 회원 명부도 만들지 않고 이문회, 유신회, 공주회 등 다른 이름을 사용하기도 했다.

송죽비밀결사단의 본부는 평양에 있었고, 회장 한 명이 조직 전체를 관장했다. 이들의 활동은 일본과 미국 등지까지 퍼져 나갔으며 1919년 3.1 만세운동 직후 평양을 중심으로 조직된 대한애국부인회 활동의 기초가 되었다.

3부

ıııııııııııııııı

이름 없는
불꽃으로
타오를지라도

기생 만세운동

사상기생이라 불렸던 그들

"독립운동은 애국지사들만의 몫이 아니었다."

문재인 대통령이 2018년 제99주년 삼일절 기념사를 통해 전한 말이다. 그런 의미에서 2020년 개관 예정인 대한민국 임시정부 기념관에는 3.1 만세운동에 참가했던 나무꾼, 광부, 기생 등 무명의 투사들도 자랑스러운 독립운동가의 이름으로 새겨질 것이라고 한다.

월희, 월선, 해중월, 옥운경, 금화, 형희, 향화, 옥채주 등의 이름도 여기에 포함되리라.

흔히 말귀를 알아듣는 꽃이라 해서 기생을 '해어화解語花'라 했다. 다르게 풀이하자면 '소통의 달인' 정도로 해석해도 될 것이다. 많이 배우고 가진 게 많으며 제법 그럴듯한 허울을 쓰고도 듣고 싶은 것만 듣고자 하는 이들은 어디에나 있다.

신분으로 계급을 구분하는 조선시대에 기생은 하층민에 속했으나 대부분 풍류를 알고 예술적 감성이 빼어난 이들이었다. 예의범절을 최고의 가치로 치는 양반 사회에서 그들은 뛰어난 모임 주선자 역할을 하기도 했다.

남녀가 유별하고 상하 구분이 확실하던 시대에 '기생재상' 혹은 '정승기생'이라는 말이 괜히 나온 게 아니다. 천한 신분의 여성

평양기생학교

이 고관대작의 참모 노릇을 하려면 그만한 포부와 재능을 갖춰야
한다. 때로는 남자 못지않은 배짱도 필요하다. 책으로 세상을 배
운 소인배들보다 눈동냥 귀동냥으로 세상을 배운 그녀들의 열정
이 빛을 발하는 건 이런 연유에서다.

　의리와 기개가 남자들만의 전유물이 아니고 독립운동에 남녀가
따로 있는 것이 아닌 것처럼 3.1 만세운동 당시 망국의 울분을 지
닌 채 거리로 뛰쳐나온 여성이 학생들과 교사, 양반집 가문의 지
식인층에만 있는 것은 아니었다.

　1919년 3월 3일은 고종 황제 국장이 치러지는 날이었다. 고종

의 사망 사실이 전해지면서 사람들 사이에 퍼져 나간 고종 독살설은 일본을 향한 국민적 분노를 들끓게 했다.

국장일을 앞두고 월선과 월희를 비롯한 황해도 해주 기생 몇몇이 경성에 왔다. 약속을 하고 온 건 아니었으나 목적은 하나였다. 황제의 마지막 길에 절이라도 올리고픈 백성의 마음으로 무작정 행장을 꾸려 나온 길이었다. 일정도 숙소도 따로 잡았기에 경성에는 누가 와서 어디에 묵었는지도 알지 못했다.

국장일 이틀 전인 3월 1일 오후 2시가 가까울 무렵, 일찌감치 숙소를 나서 시내 구경도 할 겸 탑골공원 앞을 지나던 월희는 갑자기 숨이 멎을 것만 같았다.

"대한독립만세!"

우레와 같은 함성에 와락 눈물이 쏟아졌다. 하나의 외침이 이처럼 가슴을 뜨겁게 할 줄은 몰랐다. 그리고 어느 순간 월희는 그 함성 한가운데 있는 자신을 발견했다.

시위대는 점차 거대한 물결을 이루었다. 다른 한쪽에서는 월선과 그녀의 동료들이 시위대와 뒤섞여 만세를 외쳤다. 총성도 군홧발도 이 거룩한 대열을 완전히 흐트러뜨리지는 못했다.

전국적인 기생 봉기의 시발점이 된 해주 기생 만세운동은 이렇게 시작되었다. 나중에 그녀들이 만세 시위에 동참했다는 사실이 밝혀지자 일본 경찰이 붙여 준 수식어가 또 하나 있다.

'사상기생思想妓生'

진주 기생 만세운동과 그 시절의 기레기들

1919년 3월 18일, 이날은 진주 장날이었다.

남강 기슭에 움막을 짓고 살던 100여 명의 걸인들이 점심나절에 가장 먼저 행동을 개시했다.

"우리가 빌어먹는 것도 왜놈들에게 모든 것을 빼앗겼기 때문이고, 나라가 독립하지 못하면 2,000만 동포가 모두 거지꼴이 된다."

무명천으로 만든 태극기를 휘날리며 장터를 누비는 걸인들의 외침은 많은 진주 시민들에게 묵직한 충격으로 다가왔다. 안 그래도 '어째서 아직도 경기 이남은 봉기하지 않는가'라는 격문이 나돌고 있었다. 경성에서 일어난 만세운동이 평양을 중심으로 이북 지방에 빠르게 확산되는 것과 달리 남쪽에서는 아직 뚜렷한 움직임이 없던 때였다.

오후 2시가 되자 광림여학교 학생들과 베덴병원 간호사들이 장터로 모여들었다. 이날 시위에 참가한 시민이 통틀어 3,000명에 달했다.

다음날은 진주 기생조합 소속 기생들이 떨쳐 일어났다. 한금화를 중심으로 50여 명이 태극기를 흔들며 논개의 후예답게 촉석루를 향해 만세 행진을 이어갔다. 북, 징, 꽹과리, 나팔 등 악기를 있는 대로 동원한 악대가 앞장섰다. 기생들의 붉고 푸른 치마저고리가 태극기와 어우러져 시위대는 흡사 무슨 축제를 방불하게 했다.

남녀노소 6,000명에 가까운 시민들이 기생들과 함께 '대한독립만세'를 외쳤다.

일제는 경찰과 헌병대까지 동원하여 진압에 나섰다. 한금화를 비롯한 기생 5~6명은 당일 현장에서, 후일 형사들에게 체포된 사람까지 합치면 총 32명이 경찰서에 끌려갔다. 기생 박금향은 동료들을 잡아가는 헌병 말꼬리를 붙잡고 만세를 부르다 총부리에 맞아 쓰러지기도 했다.

한금화는 경찰에 끌려가 온갖 입에 담을 수 없는 모욕과 악행을 당하고도 무릎에 하얀 명주 천을 펼쳐 놓고 한 줄의 혈서를 썼다.

> 기쁘다. 삼천리강산에 다시 무궁화 피누나.

그날의 열기가 얼마나 뜨거웠는지 짐작이 가는 대목이다. 이 문장은 훗날 독립운동가의 가사로 널리 쓰였다.

언론은 이 사건을 어떻게 다뤘을까? 조선총독부가 발행하는 매일신보는 당시 유일한 한글 신문이라 일반인들이 쉽게 접할 수 있었다. 그런 만큼 파급력이 커서 일제가 여론을 오도할 때 가장 효과적인 수단으로 쓰였다.

다음은 3월 20일 자 매일신보에 실린 기사이다.

> 18일 진주군은 더욱 불온한 형세가 나타나서 군중은 3,000여 명

고종황제 국장

에 달하고 체포된 자가 86명에 미쳤는데, 모 학교 교사의 선동
한 모양이 있고……

'기생이 앞서서 형세 자못 불온'이라는 제목이 달린 3월 25일 자
기사는 더욱 가관이다.

진주 기생의 한 떼가 구한국 국기를 휘두르고 이에 참가한 노소
여자가 많이 뒤를 따라 진행하였으나 주모자 여섯 명의 검속으
로 해산되었는데, 지금 불온한 기세가 진주에 충만하여 각처에

모여 있다더라.

학생들의 시위는 선동한 교사 탓으로 돌리고 기생들이 앞장을 서고 여자들만 그들을 따른 것처럼 꾸며 '형세가 자못 불안하다' 고 강조하는 건 전형적인 물타기 수법이다.

수원 기생들의 인권운동을 겸한 만세 시위

3월 29일 오전 11시 30분, 화성행궁 봉수당에 자리잡은 자혜의 원 뜰 앞에 30여 명의 기생들이 줄지어 나타났다. 봉수당은 정조 대왕이 회갑을 맞은 어머니 혜경궁 홍씨를 위해 성대한 연회를 베 풀었던 곳이다.

역대 조선의 임금 가운데서 가장 효성이 지극했던 것으로 알려 진 정조는 이 회갑연에 화성 관아 기생 13명을 불러 춤과 음악으 로 어머니 생신을 빛냈다. 혜경궁 홍씨가 태어난 날짜(2월 13일)와 기생들의 숫자까지 맞춘 것이다. 이런 인연으로 수원 기생조합 소 속 기생들의 자부심은 남달랐다. 그들은 스스로를 임금으로부터 선택받은 예기藝妓라 여겼다.

토요일인 3월 29일은 수원 기생들이 자혜의원에서 정기 위생검 진을 받는 날이었다. 일제가 조선의 주권을 침탈해 간 후부터 실시

된 위생검진은 매춘 여성의 성병 유무를 진단하기 위한 것이었다.

사람들이 지나다니는 마당에 칸막이를 설치해 놓고 아랫도리를 벗은 채로 받는 검사는 위생경찰의 주도하에 강압적으로 이루어졌다. 이런 비인간적인 대우는 기생들의 심한 반발을 불러왔다.

수원 기생조합 소속 김향화는 위생검진을 거부하자고 동료들을 설득했다.

"왜놈들이 정조대왕의 효심이 서린 봉수당에 의원을 들여 치욕스러운 검사를 받으라는 건 우릴 금수처럼 학대하는 것이고 조선을 욕보이려는 수작이다."

"옳소!"

여기저기서 환성이 터졌다. 30여 명의 기생들 가운데 19명은 10대인 새끼기생들이었다. 김향화는 치마폭에 숨겨 간 태극기를 동료들에게 나눠주고 만세를 선창했다. 그러자 혼비백산하여 뛰쳐나온 의원 직원들이 그녀들을 쫓아냈다.

바로 옆에는 수원경찰서가 있었다. 공교롭게도 하루 전날 순사부장이 시위대가 던진 돌에 맞아 죽는 바람에 안팎으로 살벌한 분위기가 감돌았다. 김향화는 시위대를 이끌고 대범하게 앞으로 나아갔다.

무자비한 경찰에게 그녀들이 처참하게 짓밟히고 끌려가는 광경을 목격한 수원 시민들은 치를 떨었다. 그날 저녁 학생들과 상인, 노동자 수백 명이 기생들의 석방을 요구하는 만세 시위를 벌였다.

김향화

밤늦도록 격렬하게 이어진 시위로 관공서와 민가 여섯 채가 파괴되고 16명이 구속되었다.

수원 장날인 이튿날에도 거리 곳곳에 태극기가 넘실댔다. 수원 기생들의 시위로 촉발된 만세운동은 인근까지 확대되었다. 3월 31일 경기도 안성에서 변매화가 주도한 기생 만세운동은 1,000여 명의 군중이 호응하였다.

김향화는 6개월 형을 선고받고 서대문형무소 8호 방에서 복역하다 만기를 1개월 앞두고 가출옥했다. 이 시기 독립운동가들이 형기를 다 채우기 전에 가석방되는 것은 가혹 행위로 인해 수감 생활을 할 수 없을 만큼 몸이 상했기 때문인 경우가 대부분이었다.

가출옥 이후 김향화의 행적은 어디에서도 확인되지 않는다. 출소 후 고문 후유증으로 목숨을 잃었거나 어쩌면 스스로 극단적인 선택을 했을 거라는 추측만 무성할 뿐이다.

정부는 2009년 그녀를 독립유공자로 인정하여 대통령 표창을 수여하기로 했으나 찾아갈 후손이 없어 현재 수원박물관에 보관 중이다.

800여 명의 기생이 주도한 해주 만세운동

한편, 해주로 돌아간 월선은 월희, 해중월, 옥채주, 문형희 등 이 지역 기생들과 만세운동을 벌이기로 결의했다. 이미 탑골공원 시위를 경험했던 월선은 독립선언문을 떠올렸다. 이왕이면 제대로 해보자는 의견에 모두가 동의했으나 문제는 독립선언문을 구할 방법이 없다는 것이었다. 의논 끝에 월희와 월선은 자신들이 한글로 지은 선언문 5,000장을 인쇄했다.

1919년 4월 1일, 광주리 가득 태극기를 채워 들고 기생들이 거리로 나갔다. 평소에 입던 화려한 색채의 옷은 벗어 두고 하얀 목양목 치마저고리를 차려입은 그녀들은 '대한독립만세'를 외치며 시민들에게 선언문을 나눠주었다.

실물줄기 모여 대하를 이루고
티끌 모아 태산도 이룩한다 하거든
우리 민족이 저마다 죽기를 맹세하고
마음에 소원하는 독립을 외치면
세계의 이목은 우리나라로 집중될 것이요.
동방의 한 작은 나라 우리 조선은
세계 강대국의 마음을 얻어
민족자결 문제가 해결되고 말 것이다.

1차 세계대전 이후 열린 파리 평화회의에서 미국 대통령 월슨이 주창한 민족자결주의를 강조한 이들의 선언문이 거리 곳곳에 뿌려졌다.

시위대가 해주읍성 남문 방향으로 향하자 기생조합 회원들과 견습생들이 뒤늦게 소식을 듣고 뛰쳐나왔다. 남문을 나서 무덕전 광장으로 향할 때 '기생들도 독립운동을 한다는데 우리가 가만히 있을 수 없다'며 가정집 부인들이 시위대에 합류했고, 남녀노소 수만의 인파가 몰려나와 거리는 말 그대로 인산인해를 이루었다.

네거리에서 총성이 들려왔다. 무장한 기마 헌병들이 시위대를 가로막고 어른이고 아이들이고 닥치는 대로 밟고 지나갔다. 뒤이어 나타난 경찰은 장검을 마구 휘둘러 사방에서 사람들이 픽픽 쓰러져 나갔다.

흰 옥양목 치마저고리에 비녀를 꽂은 여자들이 제일 먼저 표적이 되었다. 해주 지방 일반 가정의 부인들은 대부분 비녀 대신 머리를 앞으로 둥글게 말아 올려 봉처럼 얹는 풍습이 있었다.

기생들은 피투성이가 되어 끌려가면서도 저항을 멈추지 않았다. 월희, 월선, 해중월, 문형희, 옥채주는 돌멩이를 주워 들고 경찰서 유리창을 깨부수며 목이 터져라 만세를 불렀다. 기마 헌병들은 사냥하듯 그녀들을 몰아 광장을 한 바퀴 돌게 한 다음 다시 경찰서로 끌고 갔다.

1919년 4월 5일 자 매일신보에는 그때의 상황을 다음과 같이 기사로 실었다.

> 오늘 해주 기생 일동이 해주 종로에 집합하여 만세를 부르고 남문에서 동문을 경유하여 서문으로 시위 행진하였는데 해중월, 벽도, 월희, 향희, 월선, 화용, 금희, 채주 등이 다른 남자들과 함께 체포되다.

해주경찰서에 발 디딜 틈이 없을 정도로 많은 기생들이 잡혀 왔다. 경찰은 월희, 월선, 해중월, 문형희, 옥채주를 주동자로 지목하고, 김화용, 이벽도, 송금희는 극렬 가담자로 함께 분류하여 유치장에 가두고는 나머지는 전부 훈방했다.

고문 기술자로 악명 높은 종로경찰서 고등계 나카무라 형사부장이 해주경찰서로 출장까지 나와서 그녀들에게 매일같이 끔찍한 고문을 가했다.

시작은 가죽 채찍이었다. 채찍이 몸에 닿을 때마다 연약한 살점이 터져나갔다. 비명을 지르면 머리통을 휘갈기고 거품 물고 쓰러지면 얼굴에 찬물을 쏟아부었다. 깨어나면 다시 또 가죽 채찍이 날아오고 그러다 제풀에 흥이 깨지면 꼬집고 주리를 틀거나 대꼬챙이로 손톱 밑을 찔렀다. 이 모든 악행이 벌거벗겨진 상태에서 이루어졌다.

나카무라는 배후가 있을 거라 여겼다. 술이나 따르고 웃음이나

팔 줄 아는 기생들이 독립운동을 하겠다고 나선 것을 인정하고 싶지 않은 것이었다.

"배후는 무슨 배후! 이 나라 백성으로 사는 것도 죄란 말이오?"

죽을 각오로 항변했다가 죽음보다 더한 치욕을 겪었다. 다시는 기생 노릇 못하게 만들겠다며 나무토막을 허벅지 사이로 쑤셔 넣고 불꼬챙이로 허리를 찌르고 겨드랑이 밑으로 밧줄을 묶어 천장에 매다는 등 육신과 영혼을 처절하게 짓밟았다.

죄가 있다면 망국의 백성으로 살아가는 죄밖에 없는 여성들이 악독한 고문에 시달리는 모습을 보고 일본인 여간수가 대신 사과하며 눈물을 흘릴 정도였다.

몇 주가 지나자 김화용, 이벽도, 송금희는 미성년자라서 풀어 주고 주동자 5명은 구류를 연장하여 두 달을 더 나카무라의 만행에 시달려야만 했다. 그렇게 악랄한 짓을 하고도 그는 기생들의 배후를 밝혀내지는 못했다.

월선, 월희, 해중월, 문형희, 옥채주는 끝내 당당함을 잃지 않았다. 지옥같은 6개월을 살고 나온 후 문형희는 폐병으로 단명하고, 월선과 해중월도 해방 전에 세상을 떠났다.

1919년 9월, 경성의 치안을 담당했던 일본 경찰 간부는 본국으로 떠나면서 다음과 같이 의미심장한 보고서를 남겼다.

(경성에 있는 동안 내가 본) 약 800명의 기생들은 화류계 여자라기

보다 독립투사였다. 이 기생들의 빨간 입술에서 불꽃이 튀어 놀려오는 조선 청년들의 가슴 속에 독립사상을 불러일으킨다.

화류계에 출입하는 조선 청년치고 불온한 사상을 갖지 않은 자 없게 되고, 경성 시내 100여 군데 요정들은 어느덧 불온한 음모의 소굴이 되었다.

간혹 일본인들이 놀러 가도 냉랭하기가 얼음 같다. 이야기도 하지 않고 웃지도 않는다. 노래와 춤을 청하면 받아 주지도 않는다. 잔을 내밀면 묵묵히 술을 따를 뿐, 때가 되면 묵묵히 사라지고 만다. 마치 유령들과 저승에서 술을 마시는 기분이다.

독립만세 후의 경성 장안 화류계는 이처럼 불온하고 험악한 공기가 조성되었다. 총독부가 아무리 좋은 정치를 하고 군대와 경찰이 아무리 호령을 해도 사회의 이면에 이와 같은 불온한 소굴이 남아 있는 한 조선의 치안은 바로잡힐 듯싶지가 않다.

1960년 3월 1일, 임흥순 서울시장이 주최한 삼일절 행사에는 여성 독립운동가들이 초청되었다. 이 자리에는 기생 출신 독립유공자도 포함되어 있었다. 월희와 옥채주였다.

정부는 월선(본명 문응신)에게 건국 포장을, 월희(김성일), 이벽도, 옥채주(옥운경)에게는 대통령 표창을 추서하였다.

대한민국 임시정부

상해 대한민국 임시정부

1919년 경성에서 선포된 3.1 독립 선언에 기초하여 일제의 대한제국 침탈과 식민 통치를 부인하고 한반도 내외의 항일 독립운동을 주도하기 위한 목적으로 설립된 대한민국의 망명 정부이다. 1919년 4월 11일 중국 상해에서 설립되었으며, 같은 해 9월 11일에

상해 임시정부

는 경성과 러시아 연해주 등 각지의 임시정부들을 통합하여 상해에서 단일 정부를 수립했다.

1919년 4월 11일, 임시 헌법을 제정하여 국호는 '대한민국', 정치 체제는 '민주공화국'으로 하였다. 대통령제를 도입하고 입법, 행정, 사법의 3권 분리 제도를 확립했다. 초대 임시 대통령은 이승만이 맡았으나 탄핵되었고, 이후 김구가 주석을 맡았다.

대한민국 임시정부 하에서 윤봉길 의사의 의거, 한국광복군 조직 등 독립운동을 활발하게 전개하고 지원했으며, 중국 국민당, 소련, 프랑스, 영국, 미국 등으로부터 경제적·군사적 지원을 받았다.

러시아 연해주 대한국민의회

1919년 2월 1일 발표된 무오독립선언문은 임시정부 수립의 계기가 되었고, 기미독립선언과 3.1 만세운동의 기폭제가 되었다. 대한국민의회는 무오독립선언문에 서명한 문창범 등이 중심이 되어 3월 17일 연해주 블라디보스토크에서 설립한 첫 임시정부로, 손병희를 대통령으로 선임하여 구성한 조직이다.

한성 대한민국 임시정부

1919년 3.1 만세운동이 벌어진 후 국내의 독립운동가들이 모여 일본으로부터 독립되는 때를 대비해 경성에 수립한 임시정부이다. 다른 지역에서 조직된 임시정부에 비해 국민대회 등 정당한 절차를 걸쳐 이승만을 집정관 총재, 이동휘를 국무총리로 정하는 등 탄탄한 조직을 바탕으로 민주체제 정부를 선언했다.

한반도 및 부속 도서에서 설립되었다는 점에서 정통성이 가장 높다고 볼 수 있다.

중경 대한민국 임시정부

대한민국 임시정부의 중국 내 마지막 청사로, 1940년 9월부터 일본이 항복한 1945년 8월까지 임시정부가 머물렀던 곳이다. 1937년 발생한 중일전쟁의 영향으로 1932년부터 상해에 있던 소재지를 항저우, 자싱, 난징, 창사, 광저우로 옮겼는데 중국 국민당 정부의 도움으로 1940년에 중경에 정착했다.

대한민국 임시정부 인사들

석판가, 양류가, 오사야항 세 곳에 청사 건물을 두었으며, 1945년 1월부터 8월까지 연화지 청사를 마지막으로 사용했다. 임시정부는 중경에 머무는 기간 동안 한국광복군을 창설하는 등 활발한 독립운동을 펼쳤다.

제주 해녀
항일운동

바다의 먹이 사슬

우리들은 제주도의 가엾은 해녀들
비참한 살림살이 세상이 안다.
추운 날 무더운 날 비가 오는 날에도
저 바다 물결 위에 시달리는 몸.

아침 일찍 집을 떠나 황혼 되면 돌아와
어린아이 젖 먹이며 저녁밥 짓는다.
하루 종일 해 봤으나 버는 것은 기막혀
살자 하니 한숨으로 잠 못 이룬다.

이른 봄 고향산천 부모형제 이별하고
온가족 생명줄을 등에다 지어
파도 세고 무서운 저 바다를 건너서
기울 산 대마도로 돈벌이 간다.

배움 없는 우리 해녀 가는 곳마다
저놈들의 착취기관 설치해 놓고
우리들의 피와 땀을 착취하도다.
가엾은 우리 해녀 어디로 갈까.

제주 해녀 항일운동 기념탑에 새겨진 '해녀노래'

이 노래의 가사를 쓴 사람은 1931년과 1932년 제주 해녀 항일 시위를 주도한 혐의로 두 차례 옥고를 치르고 나와 고문 후유증으로 순국한 독립유공자 강관순(2005년 건국훈장 애국장 추서)이다.

그는 '강철'이라는 필명으로 쓴 글을 조선일보에 기고하여 제주 해녀들의 비참한 실상을 전했으며, 2년 6개월 형을 받고 대구형무소에서 복역하던 중 이 노랫말을 썼다.

'해녀노래'가 바깥으로 전해진 것은 면회 온 친구의 부인을 통해서였다. 그는 간수의 눈을 피하려 종이에 잔글씨로 쓴 가사를 담배꽁초처럼 돌돌 말아 친구 부인에게 건넸고 이것이 해녀들에게 전달되어 항일 투쟁가로 쓰인 것이었다.

노랫말에 나타난 '저놈들의 착취기관'이란 1920년 설립된 제주 해녀어업조합을 뜻한다. 일제는 해녀들의 권익을 보호해야 할 조합장을 제주도지사가 겸임하도록 하여 제주도에서 생산되는 해산물을 착취했다.

당시 제주에는 1만 명 정도의 해녀가 있었다. 그 가운데 4,000여명은 해마다 4월부터 9월까지 부산, 울산, 장산포를 비롯한 국내 연안은 물론 대마도나 블라디보스토크까지 출가出家 물질을 나갔다. 이렇게 해서 해녀 한 사람당 해산물을 채취하여 거둬들이는 소득은 연평균 300원 정도, 전체적으로는 120만 원 규모에 달했다. 지금 돈으로 환산하면 770억 원에 달하는 엄청난 금액이다.

제주 전복은 일본, 프랑스, 영국, 홍콩, 상해의 미식가들이 애호하는 고가의 수산물로 날개 돋친 듯 팔려 나갔다. 그럼에도 해녀들은 평생 가난에 시달리고 빚에 쪼들리며 살았다. 일본 기업에 해산물을 공급하는 물상객주와 거간꾼, 선주, 고리채업자들이 해녀들을 숙주로 삼아 갖은 명목으로 돈을 뜯어갔다.

해녀들이 먼 바다에서 채취한 해산물은 현장에서 거래가 이뤄지는 경우가 많았다. 물상객주나 거간꾼들은 배를 타고 작업장 주위에 있다가 그녀들이 캐낸 해산물을 직접 가져가기도 했다.

유통기한이 짧은 해산물은 임자를 빨리 만나지 못하면 점점 가치가 떨어져 나중에는 아예 팔지도 못할 물건이 되어 버린다. 이런 약점을 악용한 물상객주나 거간꾼들은 가격을 턱없이 후려치거나 미리 정해진 중개료를 무시하고 웃돈을 요구하기 일쑤였다.

선주들은 멀쩡한 날씨를 핑계로 작업을 거부하여 배삯을 올려받는 수법으로 해녀들의 피 같은 돈을 털어갔다.

가족을 떠나 몇 달씩 먼 바다를 떠돌아야 하는 해녀들은 이들에게 줄 돈과 숙식비를 구할 길이 없어 비싼 고리채를 썼다. 더 황당한 건 이들 고리채업자들이 대개 일본인 물상객주와 거간꾼 또는 선주 본인이거나 그들의 하수인이라는 사실이다.

해산물 경매 또한 형식적인 절차에 불과했다. 일제의 비호를 받는 업자들은 상습적인 담합으로 해녀들의 노동력을 착취했다. 조합에 선급금을 내고 매매 계약을 맺은 뒤 조합 직원을 매수하여 무게를 속이기도 했다. 학교라고는 다녀본 적이 없는 해녀들은 저울 눈금 보는 법조차 몰랐기 때문에 꼼짝없이 당하는 수밖에 없었다.

1920년대 제주에는 초등 교육과정을 가르치는 보통학교가 각 면에 한 곳밖에 없었다. 그나마 남자아이들만 입학이 허용되어 해녀들은 기본 교육조차 받지 못하는 경우가 허다했다. 일제는 해녀들이 글자나 셈법 등 기본적인 교육을 받을 기회마저 원천봉쇄하여 철저한 착취의 도구로 삼았다.

조합에서 지정한 업체가 아니면 자신들이 채취한 해산물을 내다팔 수도 없었다. 해녀들의 목숨값이나 마찬가지인 해산물이 악덕 상인들과 이를 묵인하는 조합장의 배를 불리는 먹잇감이 되는 건 당연한 결과였다.

전복, 성게, 우뭇가사리, 감태 등 일본에서 인기 있는 해산물들은 국내에 남아나는 게 없었다. 제주 해안가 곳곳에 즐비하게 세워진 해산물 통조림 공장은 전부 일본인들이 경영했다. 그들이 공장을 밤낮으로 돌려 가며 부를 산더미처럼 쌓아 올리는 동안 생산자인 해녀들의 삶은 밑바닥으로 치닫고 있었다.

이즈음 혁우동맹 산하 하도리 강습소가 문을 열었다.

해녀들의 시위를 방관한 일제의 노림수
||||||||||||||||||||||||||||||||||||||||||||||||||||||||||||||||||||||||||||||||||||||||||||

혁우동맹은 1930년대 제주에서 활동한 사회주의 청년 항일 지하운동 단체로, 해방 이후 역사적 평가에서 소외된 측면이 있으나 1990년대 후반부터 재조명이 이루어지고 있다.

하도리 강습소는 농민교실과 해녀교실로 운영되었다. 주요 교과 과목은 한글, 한문, 산수, 역사, 지리 등이며 저울 눈금 읽는 법을 포함한 실생활에 필요한 지식을 우선적으로 가르쳤다.

가난 때문에 기초 교육조차 받지 못한 제주 농민과 해녀들은 《농민독본》, 《노동자독본》 등의 계몽서적을 통해 민족의식을 자각하고 노동의 가치와 현실의 모순을 깨우치게 되었다.

1930년 성산포에서 이른바 '우뭇가사리 부정판매 사건'이 벌어졌다. 우뭇가사리는 일본인들이 좋아하는 양갱의 주원료로 쓰이며 해녀들이 바다에서 직접 채취한 제주산을 최상품으로 친다.

당시 우뭇가사리는 경매를 통해 근당 20전에 낙찰되었다. 일본 물산 사장 니노미야가 농간을 부려 최저 낙찰가로 금액을 맞춘 결과였다. 그것도 모자라 해녀조합 서기 마츠다는 근당 18전으로 매입가를 낮춰 물건을 넘겼다. 시세의 절반도 되지 않는 금액이었다.

해녀들은 조합에 회비를 내야만 조업을 할 수 있었다. 조합은 악덕 상인들의 횡포로부터 해녀들을 보호하고 부당한 일을 당했을 때 대신 싸워야 할 기관인데 조합 직원이 상인과 짜고 부정을 저지른 것이었다.

하도리 부녀회장 부춘화와 김옥련, 부덕량, 고차동, 김계석은 하도리 강습소 1기 졸업생이었다. 조합에 항의해도 아무 소득이 없자 이들은 도청에 진정서를 보내고 조합 서기와 니노미야를 경찰에 고발했다. 하지만 그 누구도 해녀들의 억울한 사정에 귀를 기울이지 않았다.

강관순과 김성호, 오문규, 부승림 등 하도리 강습소에서 해녀들을 가르치는 청년들이 유일하게 도움의 손길을 내밀었다. 청년들은 우뭇가사리 부정 판매 사건과 당국의 무성의한 처사를 규탄하는 격문을 각 가정에 배포하여 사태의 심각성을 알렸다.

부춘화, 김옥련, 부덕량, 고차동, 김계석 등 하도리 강습소 1기 졸업생을 필두로 한 해녀 대표 10여 명은 어업조합 본부가 있는 제주 읍내로 가서 농성 시위를 벌이기로 했다. 육로로 가다가는 일경에게 들킬까 봐 낮에는 헤엄쳐서 가고 밤에는 해안가로 이동해 읍내로 진입할 계획이었다. 메밀떡을 전대에 넣어 허리에 차고 머리에는 흰 수건을 동여맸다. 하지만 거센 풍랑이 일어 얼마 못 가 되돌아오고 말았다.

하도리 강습소 오문규와 부승림은 격문을 배포한 혐의로 경찰에 검거되어 벌금형을 받았다. 이때부터 해녀들은 자신들의 권리를 지키기 위해서 좀 더 치밀하고 계획적으로 움직일 필요가 있다는 사실을 깨우쳤다.

1924년 9월 신석우가 인수한 후 1930년대 중반까지 반일 민족주의 언론으로 일시 변혁을 꾀했던 조선일보는 1932년 1월 24일 자 기사를 통해 이 사건의 배경을 비교적 상세히 전하고 있다.

> 제주도 구좌면 세화리에서는 구좌, 정의 양면의 해녀 1,000여 명이 제주도 유사 이래 처음 보는 대시위를 일으켰다. 그 자세한 바를 들으면, 소화 6년(1931)에도 구좌면 하도리에서는 생복과 감태 판매에 있어 지정상인 지정가격 감하, 지정등급 변경 등으로 막대한 손해를 입게 되자 생활을 해산물에 의탁하고 있는 해녀들은 해녀조합 주재원과 상인을 상대로 5~6차례 항쟁하였으나 결국 수포로 돌아갔다.
>
> 이에 격분된 해녀들은 해녀조합에 항의문을 보내 무책임한 처사를 통렬히 꾸짖고 기한부로 확답을 요구하였으나 조합에서는 내내 그 태도를 고치지 아니하므로……

2018년 8월 15일, 광복 73주년을 맞이하여 문재인 대통령이 전한 경축사에는 제주 해녀 항쟁에 대한 이야기가 나온다. 문 대통령은 당시 시위를 주도한 해녀들을 '일제의 착취에 맞선 여성 독립운동가'로 평가하며 다음과 같이 말했다.

"1932년 제주 구좌읍에서는 일제의 착취에 맞서 고차동, 김계석, 김옥련, 부덕량, 부춘화, 다섯 분의 해녀로 시작된 해녀 항일운동이 제주 각지 800명으로 확산되었고, 3개월 동안 연인원 1만 7,000명이 238회에 달하는 집회 시위에 참여했습니다. 지금 구좌에는 제주 해녀 항일운동 기념탑이 세워져 있습니다."

이듬해도 똑같은 일이 일어났다.

이번에는 니노미야와 친일파 상인 고태영이 감태와 전복을 가지고 농간을 부렸다. 마츠다 서기는 그들의 사기극을 돕는 충실한 조연이었다. 조합장이 이들의 배후에 있다는 건 제주 사람이라면 다 아는 사실이었다.

감태와 전복은 가장 값나가는 상품에 속했다. 해녀들도 더는 당하고만 있지 않았다.

매일 새벽 물질을 나가는 해녀들은 물때를 앞두고 회의를 열곤 한다. 제주 속담에 '좀녀 애개 나뒁 사흘이믄 물에 든다(해녀는 아기 낳고 3일이면 물에 든다)'는 말이 있다. 어머니 뱃속에서부터 해녀로 태어나 열 살도 되기 전에 물질을 시작해서 바다라면 이골이

난 그녀들도 목숨이 달린 일인 만큼 매사에 신중할 수밖에 없다. 날씨, 풍랑, 일기예보 등 물질에 관한 모든 사항을 물때를 앞둔 시간에 이야기한다.

바로 이 자리에서 해녀들의 결의가 이루어졌다.

부춘화를 중심으로 한 20여 명의 해녀 대표단은 자신들의 요구 사항을 담은 공문을 두 차례나 조합 측에 보냈다. 일종의 선전 포고였다. 그러나 예상했던 대로 아무런 응답이 없었다.

1932년 1월 7일, 다른 날 같으면 바다에서 자맥질할 시간에 해녀들은 거리로 나갔다. 머리에 흰 수건을 두르고 흰 저고리에 검정 치마를 입은 해녀들은 양손에 호미와 빗창(전복을 캘 때 쓰는 도구)을 들고 있었다. 생계를 위해 쓰던 도구가 이제는 생존을 위한 최후의 수단이 되었다.

하도리에서 출발한 시위대가 지나는 길목마다 '해녀노래'가 울려 퍼졌다. 인근 해역에서 조업 중이던 해녀들까지 물질을 멈추고 달려와 인원은 500명 가까이 불어났다.

시위대가 세화리 장터에 이르자 수천 명의 군중이 이들을 보기 위해 모여들었다. 부춘화를 비롯한 해녀 대표 10여 명은 차례로 연단에 올라 조합의 비리를 규탄하고 자신들의 요구 사항을 외쳤다.

"악덕 상인 니노미야는 물러가라!"

"매국노 고태영의 상권을 박탈하라!"

"마츠다 서기를 파면하라!"

"조합은 지정판매제를 폐지하라!"

일경은 무슨 속셈인지 시위대를 계속 지켜보기만 했다. 평대리로 들어서자 해녀 지부장을 맡은 면장이 시위대를 막아섰다. 그는 해녀들의 요구 사항이 관철될 수 있도록 중재할 것을 철석같이 약속하며 시위를 중단하도록 강권했다. 그 말만 믿고 해산한 해녀들은 사나흘은 지나서야 속았다는 사실을 알게 되었다. 버젓이 지정판매 일시 공고가 나붙은 것이었다.

일경이 시위대를 구경만 하고 있었던 이유도 곧 밝혀졌다.

생존을 위한 몸부림이 항일의 함성으로

1월 7일 시위 당시 해녀들의 핵심 요구 사항은 크게 네 가지였다.

첫째, 악덕 상인들의 상권을 박탈하고 손해배상을 하게 할 것
둘째, 그들과 결탁하여 비리를 저지른 조합 직원을 처벌할 것
셋째, 불합리한 유통 관행을 개선하고 지정판매제를 철회할 것
넷째, 벌이가 없는 해녀들의 조합비를 면제할 것

해녀들의 경제적 주권과 인권 회복을 위해 시작된 시위가 항일 운동으로 격화된 것은 일제의 무자비한 대응 때문이었다.

부춘화

평대리 지부장의 말만 믿고 시위를 멈추었으나 소득이 아예 없는 건 아니었다. 부춘화는 얼핏 그가 흘린 말 중에 신임 도지사가 닷새 후 도내를 순시할 예정이라는 말이 떠올라 김옥련, 부덕량에게 연락하여 해녀들을 소집하고 2차 시위를 계획했다. 이때까지만 해도 지정판매가 재개된 것에 대한 항의 차원의 저항이었다.

마침 그날은 세화리 장날이었다. 통상 도지사가 새로 부임하면 장터 순시는 정해진 코스였다. 해녀 대표단은 투쟁이 길어질 것에 대비하여 각자 열흘치 양식으로 떡을 쪄서 준비하게 했다.

1월 12일* 다쿠치 신임 도지사를 태운 자동차가 세화리 장터에 나타나자 부근에 흩어져 있던 1,000여 명의 해녀들이 일제히 만세를 외치며 뛰쳐나왔다.

도지사 차를 호위하던 경찰 몇 명이 시위대를 해산시키기 위해

---

* 제주항일기념관 기록에는 1932년 1월 7일 세화리 장날을 이용하여 시위를 전개하기 시작했고, 1월 14일 세화리 장날을 기해 대규모 시위를 전개하였으며 제주도지사와 해녀 대표가 담판하여 해녀들의 요구 조건을 수용하기로 약속했다는 내용이 있다. 이 글은 당시 조선일보 기사를 참조하였다.

대검을 휘둘렀으나 해녀들의 숫자가 워낙 많은데다 뒤에는 미리 해녀들의 시위가 있을 거라는 사실을 알고 구경 나온 수천여 명의 도민들이 이들을 에워싸고 있었다.

도민들을 방호벽 삼아 만든 연단에 올라 부춘화가 연설을 시작했다.

"해녀들은 몸뚱이 하나로 식구를 먹여 살려야 합니다. 남편들은 고기잡이 나갔다 바다에 빠져 죽고, 저 바다가 쳐다만 봐도 싫고 무섭지만 어쩝니까? 물질이라도 하지 않으면 자식새끼들까지 굶겨 죽일 판인데요. 그런데 왜 우리가 죽어라 캐낸 것들을 마음대로 팔지도 못하게 합니까? 어째서 우리 것을 죄다 일본에 넘겨야 합니까?"

군중들 사이에서 우레와 같은 박수와 함성이 터져 나왔다.

"속이 다 후련하다!"

"일본 놈들은 전부 제주에서 나가라!"

해녀 대표단은 도지사에게 전달할 요구 조건을 정리한 후 한쪽에 따로 모였다. 그 사이 '해녀노래'가 울려 퍼졌다. 시위대와 구경꾼들에 갇혀 오도가도 못하게 된 도지사는 꼼짝없이 이 노래를 듣고 있어야만 했다.

이 시간만큼 세화리 장터는 해녀와 청년, 농민 모두를 아우르는 제주의 해방구였다. 바로 옆에 세화리 주재소가 있었으나 시위대를 뚫고 들어올 엄두를 내지 못했다. 대신 그들은 제주경찰서에 병력을 지원하고 도지사를 몰래 차에서 빼냈다.

뒤늦게 이 사실을 알아차린 해녀들은 도망가는 도지사를 쫓아가 또다시 차를 가로막았다. 그러자 도지사를 호위하는 경관과 주재소 순경들이 닥치는 대로 해녀들을 발로 차고 칼을 휘두르며 당장 해산하지 않으면 발포하겠다고 위협했다.

신문은 이날의 상황을 이렇게 전했다.

> (경관과 주재소 순경들이) 있는 힘을 다하여 제지하려 하였으나 해녀들이 호미와 빗창을 들고, '우리들의 진정한 요구에 칼로써 대하면 우리는 죽음으로써 대하겠다.'라고 외치며 달려드니 도지사 이하 전원은 크게 낭패하여 잠깐 짬을 주면 좋게 해결하겠다고 간곡히 말하매……

총칼로도 막을 수 없는 기세에 놀란 도지사는 하는 수 없이 해녀 대표단의 면담 요구에 응했다. 면담이 이어지는 동안 동쪽에서 만세삼창이 들려오더니 시흥리 해녀 200여 명과 연평리에서 배를 타고 달려온 300여 명은 등에 양식까지 걸머지고 나타났다. 어느덧 1,500여 명으로 불어난 시위대가 동료들을 얼싸안고 만세삼창을 외치는 광경을 두고 기자는 '소름이 돋을 만큼 기세를 띠었다'라고 표현했다.

조선일보는 해녀 대표단이 도지사에게 요구한 조건은 총 11개

조항이라고 적었으나 무슨 이유에서인지 기사를 통해 알려진 내용은 8개 항목뿐이다.

1. 일체의 지정판매를 반대한다.
2. 일체의 계약보증금은 생산자가 보관하게 할 것
3. 미성년과 40세 이상 해녀 조합비 면제
4. 질병이나 기타 사유로 인하여 조업을 나가지 못한 해녀 조합비 면제
5. 출가증 무료 발급
6. 총대(대표자)는 마을별로 선출하게 할 것
7. 조합 재정 공개
8. 마츠다 서기 즉시 면직

밖에서는 경찰이 들이닥치기 전에 빨리 면담을 끝내라고 독촉했지만 도지사는 시간을 질질 끌었다. 속내가 빤히 보이는 수작에 넘어갈 해녀들이 아니었다.

"경찰이 오면 우리 다 같이 죽는 수밖에 없습니다."

해녀 대표단의 서슬에 눌린 도지사는 마지못해 해결 방법을 찾아보겠다고 했다. 이들은 5일 안에 요구 조건을 전부 들어주겠다는 도지사의 확답을 듣고서야 자리를 박차고 나왔다.

바깥에서 기다리고 있던 해녀들은 면담 결과를 전해 듣고 기쁨

의 눈물을 흘렸다. 시위대가 만세삼창을 끝으로 해산한 지 불과 30분도 안돼서 제주경찰서에서 급파한 수십 명의 무장경찰이 세화리 주재소에 도착했다.

교활한 도지사는 경찰에게 은밀히 지시하여 배후부터 찾아내도록 했다. 이참에 항일운동 세력의 뿌리를 뽑아 버릴 심산이었다. 일경은 그에 따라 대대적인 예비 검속을 실시했다. 이 과정에서 강관순, 신재홍, 문도배, 김시곤, 한향택, 한원택 등 하도리 강습소 교사들이 체포되었다.

이 소식을 듣고 격분한 해녀들은 곳곳에서 일경과 충돌했다.

1월 24일, 오문규를 비롯한 수십 명의 혁우동맹원을 태워 가던 호송차를 바위 뒤에 숨어 있다 갑자기 튀어나온 해녀 1,500여 명이 가로막았다.

"일본 놈들 물러가라!"

분노에 찬 그녀들의 입에서 두 번의 시위에서 나오지 않았던 외침이 터져 나왔다.

아직 채워지지 않은 이름

해녀들은 미리 준비해 온 돌멩이와 빗창으로 호송차 유리를 깨고 문짝을 부렀다. 차 안에 있던 일경 몇 명이 총을 들고 나왔으나 방아쇠를 당길 새도 없었다. 빗창을 든 해녀들이 그들을 겹겹이 에워쌌다. 그러는 사이 다른 해녀들은 차에서 교사들을 빼냈다.

간신히 해녀들 틈바구니에서 벗어난 경관들이 총을 쏘며 교사들을 뒤쫓았으나 이미 우도로 가는 배를 탄 뒤였다. 게릴라전을 방불케 하는 해녀들의 기습에 당황한 경관들은 마구잡이로 총을 쏘아댔다. 그 와중에 해녀 두 명이 피를 흘리며 쓰러졌고 부덕량을 비롯한 해녀 100여 명이 체포되었다.

그날 새벽, 500여 명의 해녀들이 동료들의 석방을 요구하며 세화리 주재소로 몰려갔다. 경관 한 명은 해녀들을 제지하려다 제복이 찢기기도 했다. 해녀들도 부상을 당했다.

호송차가 습격당한 사실을 보고 받은 제주경찰서장은 목포경찰에 지원을 요청하고 제주 전역에 비상을 선포했다. 세화리에서 농성 중이던 해녀들은 일단 흩어졌고 일부는 우도로 피신했다.

26일 새벽, 목포경찰에서 제공한 수송선을 타고 일경 40여 명이 우도를 급습했다. 섬 구석구석을 샅샅이 뒤져 부춘화를 비롯한 해녀 30명을 찾아낸 일경은 그녀들을 밧줄에 묶어 포구로 데려갔다. 그러자 우도 해녀 800여 명이 몰려와 배를 가로막았다. 일경은 공포탄을 열네 발이나 쏘고 나서야 간신히 그들을 제주로 압송할 수 있었다.

다음날에는 종달리 해녀 100여 명이 세화리 주재소로 몰려가 동료들의 석방을 요구하며 농성을 벌였다. 일제는 끊임없이 들고

제주 해녀 기념비

일어나는 해녀들을 총칼로 위협하는 것에도 한계가 있다고 보고 핵심 인물들을 제외하고는 단순 가담자로 분류하여 모두 석방하였다.

이와 함께 다쿠치 도지사는 지정판매를 폐지하여 경쟁 입찰을 통한 공동판매를 도입하는 등 일부 요구 조건을 수용하는 내용의 담화문을 발표했다.

이로써 제주 해녀 항일 시위는 막을 내렸으나 부춘화, 김옥련, 부덕량은 각각 6개월의 징역형을 받고 감옥에서 극심한 고초를 겪었다.

안타깝게도 부덕량은 고문으로 몸이 극도로 쇠약해져 기소유예로 풀려났으나 시름시름 앓다 스물일곱 살의 젊은 나이로 요절하고 말았다.

1995년 8월 1일, 제주신문과의 인터뷰에서 김옥련은 '만취한 일본 경찰로부터 물고문, 무릎 누르기 등 숱한 고문을 받았다'는 말과 함께 '전복을 따기 위해 숨을 멈추고 물질하는 것과 같이 조금만 참으면 모든 것을 극복할 수 있다는 믿음으로 어려움을 이겨냈다'고 덧붙였다. 잔혹한 고문의 실상을 미루어 짐작할 수 있다.

제주 해녀 항일운동은 '법정사 항일운동', '조천 만세사건'과 함께 제주 3대 항일운동으로 꼽히지만 당시 주도적 역할을 했던 하도리 강습소 졸업생들이 사회주의 색채를 띤 혁우동맹의 영향을 받았다는 이유로 70여 년간 외면당했다.

　그러던 중 1995년 '제주 해녀 항일운동 기념사업위원회'가 결성되었고, 이를 계기로 부춘화, 김옥련, 부덕량 해녀 항일운동의 세 주역에게도 대한민국 건국 포장이 추서되었다. 강관순, 김성오 등 혁우동맹 관련 인사 네 명도 독립유공자로 추서되었다.

　당시 열아홉 살이었던 김계석과 열일곱 살이었던 고차동은 해녀 항일운동 사건 이후 생사가 불분명한 채로 87년이 흘렀다. 두 분이 어디서 어떻게 사망했는지는 알려진 바가 없다. 다만 해녀 항일운동의 주역임에도 후손이 없고 이를 증언해 줄 생존자가 없거나 이념 문제가 결부되어 독립유공자 서훈을 받지 못한 아쉬움은 주요 지역 기관과 매체들을 통해 꾸준히 제기되어 왔다.

　3.1 만세운동 100주년을 맞는 2019년에도 김계석, 고차동의 서훈은 이루어지지 않았다. 연인원 1만 7,000명이 항쟁에 참여했다는 기록이 있음에도 지금껏 독립유공자로 등록된 인원은 11명뿐이다.

　미국 독립선언문을 기초한 토머스 제퍼슨이 이런 말을 했다.

성문법을 엄격하게 준수하는 것이 선량한 시민의 고귀한 의무 중

의 하나임은 의심할 바 없지만, 그것이 가장 고귀한 것은 아니다. 조국이 위기에 처했을 때 이를 지켜내는 것이 더 고귀한 의무이다.

지나간 역사를 돌아보면 어김없이 등장하는 공통점이 있다. 위정자들이 케케묵은 이념 논쟁으로 밥그릇 싸움을 하고 있을 때 늘 그렇듯이 위기에 빠진 나라를 지켜낸 건 자신이 어느 나무 그늘에 있는지도 모르는 민초들이었다.

제주도에서 일어난 항일운동

혁우동맹 하도강습소

1920년대 초, 제주에는 일제의 1면 1교 교육 정책에 따라 면마다 하나의 보통학교를 두었다. 그러나 보통학교에는 남자만 입학할 수 있었고, 기본 교육 내용 또한 황민화와 일본 제국주의 찬양이었다.

1920년대와 1930년대 제주의 민족운동은 야학을 기반으로 이루어졌다. 문무현, 부대현, 김태륜 등의 청년 지식인들이 하도리 강습소를 운영하며 지역민들에게 한글과 한문, 지리, 역사, 산수 등을 가르치는 한편 민족 계몽운동으로 독립 의지를 일깨워 주는 역할을 했다.

구좌면 하도리와 종말리, 우도리 일대는 해녀들의 수입에 절대적으로 의존할 만큼 해산물 채취가 왕성한 지역이었다. 하도리 강습소를 통해 노동자의 권리와 인권의식을 깨우친 이 지역 해녀들을 중심으로 항일운동이 제주 전역으로 확대되었다. 하도리 강습소 1기 졸업생으로는 해녀항쟁을 주도한 부춘화, 김옥련, 부덕량 등이 있다.

법정사 항일운동

법정사 항일운동은 1918년 6월경 김연일, 강창규, 방동화가 제주 산천단에서 형제의 의를 맺으면서 비롯되었다. 이들은 법정사를 중심으로 반일의식을 고취시켜 나가다가 선도교의 제주 대표 박주석과 함께 항일운동을 구체화시켰다.

이들은 10월 4일과 5일 사이 김연일을 필두로 승려 30여 명과 함께 무장 항일 거사 계획을 추진했으며, '제주에 거주하는 일본 관리를 소탕하고 일본인을 추방하자'는 격문을 만들어 마을마다 배포했다.

10월 6일과 7일에 걸친 항일 항쟁에 약 700명(일정 기록 400명)이 참가했으며, 일본 경찰관의 연락을 두절하기 위해 전선을 절단했다. 특히, 10월 7일 김연일 부대는 제주경찰서 중문주재소를 습격하여 주재소장 요시하라를 포박하고 주재소에 불을 질렀다.

법정사 항일운동으로 66명이 검찰에 송치되었으며 일본 경찰은 이 사건의 파급을 우려하여 운동의 주도 세력을 혹세무민惑世誣民의

법정사터

유사 종교 단체로 규정하여 탄압하였다. 이 운동은 3.1 만세운동 이전 일제에 항거한 단일 투쟁으로는 최대 규모로, 종교적 차원의 운동을 넘어선 일제의 경제적 침탈에 대한 제주도민의 항일 투쟁이며 국권 회복운동이었다.

조천 만세운동

김시범

1919년 제주에서 일어난 3.1 만세운동은 제주의 관문인 조천 지역을 중심으로 3월 21일부터 3월 24일까지 4차에 걸쳐 일어났다. 조천 만세운동은 3월 16일 당시 경성 휘문고보 학생이었던 김장환이 독립선언문을 가지고 귀향하면서 구체화되었다. 김장환은 숙부 김시범에게 3.1 만세운동 상황을 전해 주었으며, 이를 들은 김시범은 제주에서의 만세운동을 결심하게 되었다. 김시범은 제주의 유림들 사이에서 명망이 높았던 김시우의 기일인 3월 21일을 거사일로 정하고 만세운동을 벌일 동지를 규합했으며 태극기를 제작했다. 3월 21일 당일, 조천리 미밋동산에서 독립선언식을 거행한 후 만세 시위 행진을 시작으로 3월 24일까지 지속적으로 만세운동이 일어났다. 만세 시위의 주역들이 체포되면서 조천리 만세운동은 막을 내렸지만 이후 제주 민족운동에 많은 영향을 미쳤다.

참고 자료

《윤희순 평전》, 심옥주, 정언(2009)

《한국사 이야기》, 이이화, 한길사(2015)

《여성을 넘어 아낙의 너울을 벗고》, 최은희, 문이재(2003)

《주간기독교》, 한국그리스도교 선교회 발행

《나는 조선의 총구다》, 이상국, 세창미디어(2012)

《청소년을 위한 한국 근현대사》, 조왕호, 두리미디어(2006)

《한국감리교여선교회의 역사》, 이덕주, 여선교회전국연합회(1991)

《한국감리교여성사(1885·1945)》, 장병욱, 성광문화사(1978)

《한국민족문화대백과사전》, 한국학중앙연구원

《여성독립사》, 국가정보원

《여성사 자료 발굴을 위한 기초 조사》, 여성가족부

《독립운동사 자료집》, 독립운동사편찬위원회

《교육발전연구》 2014

국회방송 '그날을 말하다'

MBC 다큐멘터리 '안중근 105년, 끝나지 않은 전쟁'

제주항일기념관

철기 이범석 장군 기념사업회

사진 출처

p113	독립유공자유가족협회
p115	이화여자대학교
p123	3.1여성동지회
p137	이규남
p156	국방부
p161	뉴트미디어
p201	우리역사넷
p210, p213	한국필란트피 소사이어티
p215	신흥무관학교 기념사업회
p240	수원박물관
p246	경기도박물관

이외의 사진은 위키피디아, 국가기록원, 국가보훈처 웹사이트에 있는 사진을 캡처하여 활용하였습니다.

지워지고 잊혀진
여성독립군열전

초판 1쇄 발행 2019년 8월 10일
초판 2쇄 발행 2020년 7월 10일

지 은 이 신영란

기획편집 도은주
SNS 홍보·마케팅 류정화

펴 낸 이 윤주용
펴 낸 곳 초록비책공방

출판등록 2013년 4월 25일 제2013-000130
주   소 서울시 마포구 월드컵북로 402 KGIT센터 925C호
전   화 0505-566-5522 팩스 02-6008-1777
메   일 jooyongy@daum.net
포 스 트 http://post.naver.com/jooyongy

ISBN 979-11-86358-61-0 (03910)

이 도서의 국립중앙도서관 출판예정도서목록(CIP)은 서지정보유통지원시스템
홈페이지(http://seoji.nl.go.kr)와 국가자료공동목록시스템(http://www.nl.go.
kr/kolisnet)에서 이용하실 수 있습니다. (CIP제어번호 : CIP2019028470)

※ 이 도서는 한국출판문화산업진흥원 '2019년 우수출판콘텐츠 제작 지원' 사업
   선정작입니다.